Dieter Pfaff · Gerd Peters · Katrin Hummel

Richtig gutes Controlling

Mehr wissen, besser steuern

Nomos · Baden-Baden *Versus · Zürich*

Zur Reihe «VERSUS kompakt»

Die Bücher der Reihe «VERSUS kompakt» richten sich an alle, die sich mit geringem Zeit- und Arbeitsaufwand gründlich in ein Thema einlesen und das erworbene Wissen sofort umsetzen möchten. Das neue Format bietet gesichertes Fachwissen, von Experten geschrieben, auf knappem Raum und in gut verständlicher Sprache, mit zahlreichen Querverweisen, Anwendungsbeispielen und Praxistipps. Die einzelnen Bände setzen sich grundsätzlich aus drei Teilen zusammen:

- Der *erste Teil* enthält eine Einführung, die einen Überblick über die wichtigsten Fragen und Probleme des Gesamtthemas geben soll. Zahlreiche ▷ Querverweise auf die Stichwörter im zweiten Teil erleichtern die Orientierung und geben Ihnen die Möglichkeit, zu einzelnen Themen und Sachverhalten die vertiefenden Informationen rasch und einfach zu finden.

- Im *zweiten Teil* werden einzelne Themen, Modelle und Instrumente vertieft behandelt und mit Beispielen und Praxistipps veranschaulicht. Die einzelnen Stichwörter sind alphabetisch geordnet und werden jeweils auf einer Doppelseite erläutert. Hier helfen Ihnen die ▷ Querverweise dabei, die einzelnen Stichwörter zu vernetzen.

- Ein *dritter Teil* enthält Fallstudien oder Beispiele.

Auf der *Website* zur Buchreihe (www.versus-kompakt.ch) können Sie Formulare und Checklisten abrufen, downloaden und ausdrucken, um sie in der Praxis verwenden zu können. Hier finden Sie zudem Lösungsvorschläge zu den Fallstudien.

Folgende Symbole helfen Ihnen, sich im Buch zurechtzufinden:

 Bei der Lupe finden Sie vertiefende Texte. Dies können Beispiele, Exkurse, Regeln, Übungen oder Interviews sein.

 Bei der Glühbirne finden Sie Praxistipps, die Ihnen dabei helfen, das Gelesene umzusetzen.

 Beim aufgeschlagenen Buch finden Sie weiterführende Literaturtipps und -empfehlungen.

 Bei der Hand mit Stift finden sich Merksätze, Weisheiten oder Erfahrungen, die sich in der Controllingpraxis bewährt haben.

Inhaltsverzeichnis

Controlling im Überblick

1 Zielgrößen des operativen Controllings **16**
    1.1 Was ist das Grundproblem? 16
    1.2 Was ist die wichtigste Zielgröße? 17

2 Voraussetzungen controllingrelevanter Daten und Informationen **19**
    2.1 Wie kann man die Datenflut in einem Unternehmen beherrschen? 19
    2.2 Was sind die Voraussetzungen für entscheidungsnützliche Informationen? 21

3 Von den Steuerungsgrößen zum Controlling-Cockpit **25**
    3.1 Wie kann man die Zielvorgaben für Profit-Center ableiten? 25
    3.2 Wie lassen sich die Steuerungsgrößen eines Profit-Centers ableiten? 27
    3.3 Wie kann das Umsatzrendite-Zielfeld eines Unternehmens anschaulich dargestellt werden? 29
    3.4 Wie lässt sich das Cockpit eines Unternehmens und seiner Profit-Center einrichten? 34

4 Entscheidungsunterstützung und Steuerung **39**
    4.1 Überblick 39
    4.2 Wie trifft man Investitionsentscheidungen? 40
    4.3 Wie trifft man Dispositionsentscheidungen? 45
    4.4 Wie erstellt man eine Planergebnisrechnung? 46
    4.5 Wie erkennt man Krisen und Schieflagen? 47
    4.6 Wie vermeidet man Zahlungsunfähigkeit? 48
    4.7 Wie schätzt man Ergebnisse (Forecast)? 49
    4.8 Wie kalkuliert man Preise im Rahmen der Auftragsfertigung? 52
    4.9 Wie setzt man Verrechnungspreise in verbundenen Unternehmen? 56

Controlling von A bis Z

ABC-Analyse 62
Amortisationszeit 64
Balanced Scorecard 66
Benchmarking 68
Break-even-Analyse 70
Controlling-Cockpit (deutsch/englisch) 72
Dispositionsrechnung 74
Dualität von projekt- und produktbezogener Rechnung 76
Economic Value Added (EVA®) 78
Ethikkodex im Controlling 80
Falsche Daten 82
Glättung von Fixkosten 84
Jahreshochschätzung (Forecast) 86
Kapitalwertmethode (Net Present Value) 88
Konsolidierte Daten 90
Nachhaltigkeitsberichterstattung 92
Opportunitätskosten und versunkene Kosten 94
Pareto-Prinzip 96
Planergebnisrechnung 98
Plausibilität von Daten 100
Preisuntergrenze 102
Prozesskostenrechnung 104
Quantitative Risikobetrachtung bei Investitionsprojekten 106
Reale Zinsfußmethode 108
Return on Capital Employed (ROCE) 110
Risikocontrolling 112
Rollierende Daten und Quartalsberichte 114
SAP ERP® 116
Sensitivität von Daten 118
Target Costing 120
Wertepaar Umsatzrendite und Kapitalumschlag 122
Working Capital Management 124
Zwillinge Auftragseingang und Umsatz 126
Zwillinge Investitionen und Abschreibungen 128
Zwillinge Investitionen und Reparaturen 130
Zwillinge Vorräte und Forderungen 132

Controlling: Beispiele

Sind Eisenbahngesellschaften mit Streckennetz börsenfähig? 136
Bewertung einer Akquisition (Desinvestition) 140
Verrechnungspreisgestaltung im internationalen
Produktionsverbund 145
Paradox: Wassersparen macht Wasser teurer 151

Literatur 155

Stichwortverzeichnis 158

Die Autoren 161

Controlling braucht Überblick, Phantasie und Intuition – Fünf Leitlinien

Hartnäckig hält sich in Unternehmen immer noch die Meinung, dass Controlling nur gesunder Menschenverstand, langweilig, Erbsenzählerei oder schlicht innovationshemmend, weil zu sehr auf Kontrolle ausgerichtet, sei. Wichtig sei hingegen das finanzielle Rechnungswesen, weil gesetzlich vorgeschrieben: Bilanz, Erfolgsrechnung und eine Geldflussrechnung seien völlig ausreichend, um das Unternehmen auf Kurs zu halten.

Solche oder ähnliche Aussagen hört man leider häufiger, wenn Controlling in Unternehmen falsch verstanden oder angewandt wird. Anzustreben ist hingegen, dass das Controlling zum zentralen Kommunikationsinstrument in einem Unternehmen wird, mit dem man der Flut unstrukturierter Daten wirkungsvoll entgegentreten kann. «Richtig gutes Controlling» bedeutet, das Controlling einfach zu halten und die folgenden Leitlinien zu beachten:

- Finden, was wirkt – nutzen, was hilft
- Wissen, wo der Abgrund beginnt
- Planen, planen, planen
- Verstehen, wie das Geschäft wirkt und gesteuert werden muss
- Machen Sie Ihr Controlling spannend

1. Finden, was wirkt – nutzen, was hilft

Das Controlling eines Unternehmens ist leistungsfähig, aber die Möglichkeiten werden oft unterschätzt oder bleiben ungenutzt. Wo Datenberge produziert werden, die kaum interpretierbar sind, wo das Erstellen von Listen mehr Zeit beansprucht als die Analyse, ist Sand im Getriebe und die Kommunikation gestört. Die Daten füllen dann dicht aneinander gedrängt weiße Blätter oder Bildschirme, vom Management schlicht ignoriert.

Controlling darf nicht nur etwas bewirken, es *muss* etwas bewirken, sonst ist es nutzlos. Nutzen, was hilft, bedeutet Abschied nehmen von zu komplexen Instrumenten, die keiner versteht, aber auch von der Vorstellung, alles zu hundert Prozent abdecken zu wollen. Finden, was wirkt, bedeutet in diesem Zusammenhang, klarzustellen, was die Ergebnisse des Unternehmens am meisten beeinflusst und was die ganze Aufmerksamkeit des Managements erfordert. Das ist die zentrale Aufgabe des Controllings: das Management für die wichtigen Probleme im Unternehmen zu sensibilisieren.

Das im Buch beschriebene ▷ «Pareto-Prinzip» (oder 80:20-Regel) bringt das Argument auf den Punkt: Es ist die Erkenntnis, dass sich ein Problem oder Sachverhalt in der Regel durch wenige – aber entsprechend wichtige – Einzelparameter beschreiben lässt. Betrachten Sie Ihren Spannteppich zu Hause: 80% der Verschmutzung befindet sich auf 20% der Fläche des Teppichs, eben jenen Stellen, die häufig begangen oder benutzt werden.

Übertragen auf das Controlling bedeutet dies, dass das Controlling Transparenz in Bezug auf die wesentlichen Steuerungsparameter schaffen muss; dies sind der Preis, die variablen Kosten pro Stück, Auftrag, kg etc., die fixen (Perioden-)Kosten, der Output (Ausbringungsmenge) sowie – lange Zeit vernachlässigt – die Kapitalbindung. Mehr braucht es gar nicht, und im Grunde genommen lassen sich daraus auch die Leitsätze für das «Geschäften» ableiten, genau so wie die Amerikaner es seit Jahrzehnten auf einfachste Art definieren (vgl. Mattle 2011, S. 27): *Buy low – sell high – collect early – pay late!*

Dabei ist der Preis die mit Abstand wichtigste Determinante: Wenn die Preise um 2% einbrechen, muss das Management die Kosten schon um deutlich mehr als 2% drücken, um das Ergebnis auf Kurs zu halten.

Ein Instrument, das auf übersichtliche Art und Weise diese Zusammenhänge darstellt, ist unser ▷ «Controlling-Cockpit», das Sie in englischer und deutscher Sprache finden sowie auf www.versus-kompakt.ch auch als Excel-Datei herunterladen können.

2. Wissen, wo der Abgrund beginnt

Was nützt das Wissen um die wichtigsten Steuerungsparameter, wenn man auf dem Weg zum Gipfel abstürzt? Wo ist also der Abgrund: Wie weit kann unser Umsatz einbrechen, ohne dass wir Verluste schreiben? Wie verändert sich unser Ergebnis, wenn unser Absatz um 10% zurückgeht? Ab welchem Monat im Jahr sind alle unsere (Jahres-)Fixkosten durch die erwirtschafteten Deckungsbeiträge bereits gedeckt? Alles berechtigte Fragen des Managements, auf die das Controlling schnell eine Antwort geben sollte und ohne große Schwierigkeiten auch kann.

Notwendig ist nur die Kenntnis der Fixkosten sowie der Deckungsbeitragsrate. Während die Fixkosten die Kosten darstellen, die sich mit dem Output des Unternehmens (zumindest auf kurze Sicht und ohne Zutun des Managements) nicht verändern, also «sowieso da» sind, gibt die Deckungsbeitragsrate an, wie viel Prozent des Umsatzes nach Abzug der variablen (also der dem Output direkt zurechenbaren) Kosten zur Deckung der Fixkosten verbleiben. Einfacher ausgedrückt: Bei einer Deckungsbeitragsrate von 40 % ergibt sich pro 100 EUR Umsatz ein Bruttogewinn (Deckungsbeitrag) von 40 EUR. Bei (kurzfristig nicht abbaubaren) Fixkosten von 10 Mio. EUR liegt der Abgrund also bei 25 Mio. EUR Umsatz (= 10 Mio. EUR / 40 %). Man kann das Ganze auch umgekehrt, also positiv sehen: Wenn es uns gelingt, den Umsatz über die 25-Mio.-Marke zu heben, machen wir Gewinn!

3. Planen, planen, planen

Wer schon mal ein Haus gebaut hat, weiß aus eigener Erfahrung: Ohne Planung geht gar nichts. Die Komplexität ist viel zu groß, und sobald die Fundamente ausgehoben sind, geht alles viel zu schnell. Ohne Plan kann nur noch reagiert, aber nicht mehr agiert werden. Also müssen Plan-Do-Check-Act-Regelkreise geschaltet werden, für deren Funktionieren das Controlling Sorge zu tragen hat.

Notwendig ist,

- (messbare) Ziele zu setzen («Wer den Hafen nicht kennt, in den er segeln will, für den ist kein Wind der richtige», Lucius Annaeus Seneca)
- Maßnahmen festzulegen und durchzuführen, mit denen man die Ziele zu erreichen sucht
- zu prüfen, ob die Maßnahmen in der gewünschten Art und Weise greifen (hierbei spielen Kennzahlen und Frühindikatoren eine ganz wichtige Rolle)
- korrigierend einzuschreiten, wenn Abweichungen beobachtet werden (dabei entfalten Soll-Ist-Abweichungsanalysen ihren unschätzbaren Wert).

Versteht man zudem Budgets als in Zahlen umgesetzte Ziele und Maßnahmenpakete, erübrigt sich die Diskussion um den Nutzen einer Budgetierung praktisch von selbst. Bestandteil einer jeden Planung muss aber auch die Berücksichtigung allfälliger Schlüsselrisiken (und Chancen) sein: Was kann schieflaufen, welche Risiken sollte ich gar nicht erst eingehen, welche kann ich versichern, welche selbst steuern (mindern) und welche gehören einfach zum unternehmerischen Risiko dazu?

4. Verstehen, wie das Geschäft wirkt und gesteuert werden muss

Jedes Unternehmen ist einzigartig, bedingt durch Eigentümer- und Finanzierungsverhältnisse, Rechtsform und Strukturen, Branche, Märkte und Marktstellung, Geschäftsmodell, Unternehmensgröße, Internationalisierungsgrad, Ablauf- und Aufbauorganisation, Führungsmodelle und -stil, Geschäftsfelder, Kernkompetenzen, Risikoprofil etc. (Mattle 2011, S. 18 ff.).

Controlling ist daher stets mit maßgeschneiderten Konzepten und den passenden Werkzeugen unternehmensspezifisch auszugestalten. Jedes Unternehmen tut zudem gut daran, die wichtigsten Strukturgrößen seines Geschäfts zu kennen. Solche Strukturgrößen sind zum Beispiel die Umsatzrendite, der Kapitalumschlag sowie das Produkt aus beiden: die Kapitalrendite. So ist der Kapitalumschlag als Quotient aus Umsatz und Kapitalbindung eine wesentliche Strukturgröße, die Auskunft über die Nutzung des betrieblichen Vermögens gibt.

Betrachtet man zum Beispiel den Kapitalumschlag im Jahr 2013 bei Kuoni (Freizeit) von 4,8 und bei Swisscom (Telekom) von 0,5, so wird unmittelbar klar, dass beide Unternehmen komplett andere Geschäfte betreiben. Swisscom investiert(e) Milliarden in den Ausbau der Telekommunikationsnetze. Kuoni verfügt hingegen, gemessen am Umsatz, über eine geringe Kapitalbindung, die auch deshalb so niedrig ist, weil die Kunden ihre gebuchte Reise schnell bei Kuoni begleichen müssen *(collect early),* Kuoni selbst aber ihre Vertragspartner (Fluggesellschaften, Hotels etc.) erst spät(er) vergütet *(pay late).* Kuoni benötigt für eine angemessene Kapitalrendite von zum Beispiel 13 % nur eine Umsatzrendite von 2,7 %, Swisscom dagegen eine Umsatzrendite von knapp 20 %, um auf eine vergleichbare Kapitalrendite von 10 % zu kommen; *und nur das ist entscheidend.*

Das Beispiel macht eindrucksvoll deutlich, dass Unternehmen weder mit der Umsatzrendite allein gesteuert noch auf Basis der Umsatzrendite miteinander verglichen werden können. Es ist Aufgabe des Controllings, sowohl auf der Ebene Zeit als auch auf der Ebene Betrieb für eine angemessene Vergleichbarkeit der wichtigsten Kennzahlen zu sorgen. Nur so können Fehlurteile vermieden und die richtigen Schlüsse gezogen werden. Dies ist nicht anders als in der Medizin, wo erst der Vergleich von Werten eines Patienten mit seinen sonst üblichen Daten sowie mit vorsichtig hergeleiteten Sollwerten Aufschluss über den Gesundheitszustand und die weitere Behandlungsstrategie geben kann.

5. Machen Sie Ihr Controlling spannend

Controlling – richtig genutzt – erzählt Ihnen Geschichten. Nutzen Sie diese Gabe des Controllings. Eine dieser Geschichten ist die folgende, die von einem ehemaligen Finanzchef eines Fußballclubs der Schweizer Super League stammt.

Bei einer routinemäßigen Durchsicht verschiedener Kostenarten wurde aufgrund von Spesenrechnungen festgestellt, dass nach dem Abschlusstraining (vor Spieltagen) ein recht hoher Bierkonsum pro Kopf (Spieler) entstand. Auf Wunsch des Trainers wurde versucht, das Verhalten der Spieler mit einer Weisung zu unterbinden: Schließlich sei ein überhöhter Bierkonsum der Leistung der Spieler abträglich. In der Tat zeigte sich in der Folge, dass der Bierkonsum stark zurückging. Allerdings wurde gleichzeitig festgestellt, dass die Spesenrechnungen der Spieler für «Kaffee» in die Höhe gingen. Recherchen ergaben, dass hinter dieser Entwicklung der Deal mit dem Servicepersonal stand, die konsumierte Menge Bier nicht als Bier, sondern als Kaffee abzurechnen.

Haben Sie noch Zweifel, dass Controlling spannend ist? – Wenn ja, lesen Sie das ganze Buch!

Pfaff · Peters · Hummel **Controlling · Fünf Leitlinien**

Controlling im Überblick

1 Zielgrößen des operativen Controllings

1.1 Was ist das Grundproblem?

Im Grunde sind sich alle einig: Ein Unternehmen als Ganzes wie auch seine einzelnen Profit-Center sollen Wert generieren. Nur, was heißt eigentlich Wert? Kann man diese Größe messen wie zum Beispiel den Impuls oder die Leistung in der Physik? Und wie kann man Strategien und Maßnahmen beurteilen, die zu einer Werterhöhung des Unternehmens beitragen sollen? Wie wirken traditionelle Stellgrößen des operativen Geschäfts auf die von der Geschäftsleitung geforderte Wertgenerierung? Allesamt schwierige Fragen, die in der Praxis immer wieder für Konfliktstoff sorgen, insbesondere dann, wenn die ingenieur- oder naturwissenschaftliche Denkweise und die betriebs- oder finanzwirtschaftliche Sicht «ungeschminkt» aufeinandertreffen.

Die eine Seite sorgt sich mehr um die Technik oder das Verfahren, die andere mehr um die Wirtschaftlichkeit oder Rendite und dazwischen steht das Controlling. Als Sparringspartner des Managements muss es stets für Licht und Aufschluss im unternehmerischen Entscheidungsprozess sorgen. In seinem Werkzeugkasten hat es die Instrumente und Methoden für das jeweilige Problem bereitzuhalten.

Die *Mathematik des Controllings* lässt sich im Wesentlichen auf zwei Grundrechenarten reduzieren: Die erste ist das «Kleine Einmaleins». Hinter diesem scheinbar simplen Ausdruck steht der wichtige und fundamentale Anspruch des Controllings, die Probleme möglichst einfach und damit – für alle am Entscheidungsprozess Beteiligten – verständlich zu halten. Das bedeutet auch, sich auf das Wesentliche zu konzentrieren.

Merke: Ein Problem mag noch so komplex oder kompliziert sein, das Controlling muss es auf wenige, wichtige Einflussgrößen reduzieren können.

Die zweite Rechenart, die Zinseszinsrechnung, ist auf den ersten Blick etwas komplizierter. Mit der Formel vom Zins und Zinseszins wird die Wertentwicklung einer Größe (typischerweise eines Vermögens oder einer Zahlung) über einen längeren Zeitablauf beschrieben. Sie kommt vor allem bei komplexen, mehrperiodischen Investitionsrechnungen und Wertermittlungen von Geschäften oder ganzen Unternehmen zum Tragen.

1.2 Was ist die wichtigste Zielgröße?

Controlling dient der Entscheidungsunterstützung. In der Praxis sind die unterschiedlichsten Entscheidungen zu treffen, von relativ einfachen, einperiodigen Kostenvergleichen bis zu komplexen, mehrperiodigen Investitionsrechnungen. Bei jedem dieser Probleme stellt sich die Frage der Vorteilhaftigkeit der getroffenen Entscheidung. Und natürlich auch die Frage, ob es nicht vielleicht doch besser gewesen wäre, man hätte das Geld auf die Bank getragen, um es dort günstiger und mit geringerem Risiko verzinsen zu lassen. Statt Geld in einem Unternehmen arbeiten zu lassen (Realinvestition), besteht also immer die Alternative einer Finanzinvestition und umgekehrt. Eine Finanzanlage – zum Beispiel ein Sparkonto – verzinst sich zum fest vereinbarten und garantierten Zins.

Bei *unternehmerischen Prozessen* muss die Rendite einer Realinvestition errechnet werden. Bevor man dies tut, muss man eine Vermögensrechnung voranstellen. Denn das Geld, das in einem Unternehmen zum Beispiel für Anlage- und Umlaufvermögen investiert wird, ist zunächst einmal weg. Bei einer Realinvestition wird das eingesetzte Kapital zu «Stahl und Beton» oder zu Know-how, es wird in Anlagen, Gebäude, Maschinen und Lizenzen umgewandelt. Das eingesetzte und zunächst verlorene Geld oder Kapital kann nur durch zukünftige Geschäfte aus der Investition zurückgewonnen werden. Die damit verbundenen Rückflüsse *(Cashflows)*, die in einzelnen Jahren auch einmal negativ sein können, müssen sowohl den Kapitaleinsatz wieder erwirtschaften als auch zusätzlich einen Mehrwert generieren.

Jede Investitionsrechnung beinhaltet also die Planung der Rückflüsse während der geplanten Lebensdauer der Realinvestition. Die Rückflüsse in den unterschiedlichen Jahren sind jedoch – unabhängig vom Betrachtungszeitraum – nicht direkt vergleichbar, sondern müssen finanzmathematisch durch Aufzinsen *(Endwert)* oder Abzinsen *(Barwert)* auf denselben Zeitpunkt vergleichbar, also summierbar gemacht werden. Gesucht ist im ersten Schritt zunächst der Endwert einer Investition, um im zweiten Schritt – wie bei einer Finanzinvestition – aus dem Endwert die Verzinsung *(Rendite)* errechnen zu können.

Damit ist aber noch nicht die Frage beantwortet, ob denn die Investition in der Periode auch einen «Mehrwert» oder «Übergewinn» im Vergleich zur besten Alternative – zum Beispiel einer Anlage des investierten Geldes am Kapitalmarkt – geschaffen hat. Zur Beantwortung dieser Frage ist es notwendig, die ermittelte Rendite einer Ziel-Rendite gegenüberzustellen. Sie wird bei unternehmerischen Prozessen von den Eigentümern des Unternehmens oder der von ihnen eingesetzten Geschäftsleitung bestimmt. Die *Ziel-Rendite*, die häufig auch mit dem Kapitalkostensatz gleichgesetzt wird, sollte die Verzinsungsansprüche der Kapitalgeber und damit auch die eingegangenen unternehmerischen Risiken abbilden.

Ist die Investition «risikolos», wäre die Ziel-Rendite der für die betrachtete Periode geltende risikolose Zinssatz. Werden hingegen Risiken eingegangen, muss die Ziel-Rendite einen Risikozuschlag enthalten.

Merke: Grundsätzlich gilt: Je höher das unternehmerische Risiko der Investition ist, desto höher muss der Risikozuschlag und damit die geforderte Ziel-Rendite ausfallen.

Aus diesem Grundsatz folgt unmittelbar, dass Sie Angebote in Werbeanzeigen wie «Wir bieten 11% Verzinsung, und das sicher» gar nicht erst lesen sollten. In einem Marktumfeld, in dem die Verzinsung öffentlicher Anleihen der Schweizerischen Eidgenossenschaft derzeit deutlich unter 1% rentieren, sind derartige Versprechen unseriös, genauer: mit einem zu hohen Risiko verbunden. Ein anschauliches Beispiel ist der vom früheren Vize-Chef und Leiter des Rentenhandels bei Salomon Brothers gegründete Hedgefonds *Long-Term Capital Management*. Unter Leitung der renommierten Finance-Professoren und Nobelpreisträger Robert C. Merton und Myron S. Scholes erwirtschaftete der Fonds in den Anfangsjahren 1994 bis 1997 in der Tat Renditen zwischen 30 und 40%, sodass der Eindruck entstand, man könne hier leicht und risikolos Geld verdienen. Starke Turbulenzen auf den Finanzmärkten und die Währungskrise in Russland 1998 führten jedoch zum Zusammenbruch des Fonds. Die eingegangenen Risiken, die auch in den hohen Renditen der Anfangsjahre deutlich wurden, waren einfach zu groß.

Ist die unter Berücksichtigung von Risikoüberlegungen gebildete Ziel-Rendite bestimmt, lässt sich der *Wertbeitrag* oder *Übergewinn* einer – einperiodigen – Investition leicht wie folgt bestimmen:

Grundformel wirtschaftlichen Verhaltens:

Übergewinn = (Rendite − Ziel-Rendite) × Kapitaleinsatz ⇒ max!

Der so gemessene Übergewinn ist ein residualer Reinvermögenszuwachs, weil nur das als Überschuss ermittelt wird, was über die von den Kapitalgebern geforderte übliche Rendite hinausgeht. In der Sprache der Kostenrechnung ist das Produkt aus Ziel-Rendite und Kapitaleinsatz nichts anderes als die Opportunitätskosten des eingesetzten Kapitals: Ein Überschuss wird aus Sicht der Eigentümer des Kapitals nicht schon bei Ausweis eines positiven Gewinns geschaffen, sondern erst dann, wenn es gelingt, die Ziel-Rendite (die Kapitalkosten) auf das eingesetzte Kapital zu erwirtschaften. Zentrale Größe in der Grundformel wirtschaftlichen Handelns ist die Rendite oder Rentabilität (bei Projektsicht: *Return on Investment*, ROI, oder aus Konzernsicht: *Return on Capital Employed*, ROCE), die es bei knappem Kapital zu maximieren gilt:

$$\text{Rendite} = \frac{\text{Gewinn}}{\text{Kapital}} \Rightarrow \max!$$

Sie ist die Spitzenkennzahl des ▷ «Controlling-Cockpits», die zur Steuerung des operativen Geschäfts weiter in *Umsatzrendite* $\left(\frac{\text{Gewinn}}{\text{Umsatz}}\right)$ und *Kapitalumschlag* $\left(\frac{\text{Umsatz}}{\text{Kapital}}\right)$ und deren bestimmende Einflussfaktoren aufgebrochen wird (zu Einzelheiten vgl. Kapitel 3 sowie ▷ «Wertepaar Umsatzrendite und Kapitalumschlag»).

2 Voraussetzungen controllingrelevanter Daten und Informationen

2.1 Wie kann man die Datenflut in einem Unternehmen beherrschen?

Die Ausgangssituation für die Herstellung von Transparenz ist in jedem, auch in kleineren Unternehmen ähnlich: eine Flut von Daten, sodass man den Wald vor lauter Bäumen kaum noch erkennt.

Zur Beherrschung dieses scheinbar banalen Problems bedarf es einiger Maßnahmen oder gewisser Techniken für den Umgang und die Strukturierung betriebswirtschaftlicher Daten, ohne die ein Zahlen- oder Rechenwerk unweigerlich zu «Datenmüll» und damit unbrauchbar wird *(«garbage in, garbage out»)*.

Controlling ist nur möglich, wenn die zur Entscheidungsfindung erforderlichen Daten

- hinreichend genau
- eindeutig
- periodengerecht
- plausibel
- signifikant

d.h. stets *repräsentativ* sind. Das gilt grundsätzlich für alle Ebenen in einem Unternehmen.

Hinreichende Genauigkeit bedeutet nicht, dass jede Zahl auf zwei Kommastellen exakt ausgewiesen werden muss, sondern dass Genauigkeit vom betrachteten Problem abhängt. Für einen Monats-Schnellbericht zum Beispiel sollten Umsatz und Gewinn möglichst schnell nach Ende des Berichtsmonats vorliegen. Statt nun alle Gesellschaften, Produkte, Kunden oder andere Bezugsobjekte zu berücksichtigen, genügt es häufig, sich auf die (wenigen) wichtigen Gesellschaften, Produkte oder Kunden zu konzentrieren. Aus den Daten dieser wichtigen Bezugsobjekte kann man relativ zuverlässig auf die Gesamtentwicklung schließen (vgl. ▷ «Pareto-Prinzip»). Die Fehlerquote bei derartigen Schnell-Schätzungen ist in der Regel ausreichend klein.

Eindeutigkeit ist auf vielen Feldern gefragt. So sollten Kosten stets einer und nur einer Kostenstelle zugeordnet werden; Kostenstellen sollten sich zudem nicht überlappen. Aber auch beim Ausweis von Kosten ist Eindeutigkeit wichtig. So ist die Kenngröße «Herstellkosten» wo immer möglich zu vermeiden. Herstellkosten sind die Summe aus Rohstoffkosten – also eindeutig variablen Kosten – und Fertigungskosten – also weitgehend fixen Kosten. Variable und fixe Kosten sollten aber strikt getrennt werden.

Periodengerechtigkeit liegt dann vor, wenn Auszahlungen oder Ausgaben in einem Zeitpunkt so über die Zeit verteilt werden, dass sie jenen Umsätzen gegenüberstehen, die durch den auszahlungs- oder ausgabewirksamen Erwerb von Produktionsfaktoren oder Dienstleistungen erst ermöglicht werden. Eng mit der Periodengerechtigkeit ist die Anforderung der Repräsentativität verbunden. So kann es sinnvoll sein, aperiodische, aber eher einmalige oder zufällige Auszahlungen im operativen Geschäft ex post aus den Steuerungssystemen (Ergebnisrechnung, Cockpit) wieder herauszurechnen (▷ «Glättung von Fixkosten»).

Plausibilität meint die Anforderung, Daten und Informationen – Istdaten oder geschätzte und geplante Daten – stets daraufhin zu überprüfen, ob sie zum «Geschäft» passen. So unterliegen die wichtigsten Kenngrößen zur Beschreibung des operativen Geschäfts wie Umsatzrendite, Kapitalumschlag, aber auch Deckungsbeitrags- und Fixkostenrate branchen-, produkt- oder geschäftstypischen Größenrelationen.

Signifikanz von Daten meint allgemein die Anforderung, dass es sich um Daten handeln soll, die für eine Entscheidung auch relevant sind, d. h. diese beeinflussen können.

Eine grundsätzliche Voraussetzung für derartig repräsentative Daten ist die konsequente Ausrichtung aller Kenn- und Steuergrößen auf Jahreszahlen und weniger auf isolierte Monats- und Quartalszahlen. Es darf nicht nur einmal im Jahr eine *komplette Jahreszahl* ermittelt und analysiert werden, sondern es sind rollierend jeden Monat oder wenigstens jedes Quartal laufende Jahreswerte zu berechnen (zu Einzelheiten siehe ▷ «Rollierende Daten und Quartalsberichte»). Eine Jahreszahl von zum Beispiel Mai (Vorjahr) bis April (laufendes Jahr) ist ebenso ein komplettes Geschäftsjahr wie das «offizielle» von Januar bis Dezember (oder zum Beispiel von Juli [Vorjahr] bis Juni [laufendes Jahr] bei Jahresabschluss per 30. Juni).

_____ **Praxistipps**

Wenn das Management die Qualität und Überlegenheit dieser rollierenden Geschäftsjahre einmal erkannt hat, wird es sich nicht mehr für einen reinen Monatsvergleich oder Quartalsvergleich interessieren, mit denen es nur wenig oder gar Falsches über die nachhaltige Geschäftsentwicklung erfährt.

2.2 Was sind die Voraussetzungen für entscheidungsnützliche Informationen?

Eine erste wesentliche Voraussetzung für Transparenz und entscheidungsnützliche Informationen ist die grundsätzliche Trennung *variabler* (beschäftigungsabhängiger) und *fixer* (beschäftigungsunabhängiger) Kosten. Beschäftigungsabhängigkeit (allgemein Kostenverhalten) beschreibt die Art und Weise, wie sich Kosten bei Veränderung des Leistungsvolumens verhalten. Kosten, die unabhängig vom aktuellen Leistungsvolumen anfallen (zum Beispiel große Teile der Personalkosten), werden als fix bezeichnet. Materialkosten hingegen, die nur dann entstehen, wenn ein Produkt auch tatsächlich hergestellt wird, sind variabel in Bezug auf das aktuelle Leistungsvolumen.

Das Kostenverhalten in Abhängigkeit von der Beschäftigung muss allerdings immer vor dem Hintergrund des betrachteten *Zeithorizonts* beurteilt werden. Vielfach können in der kurzen Frist bestimmte Ressourcen (insbesondere Potenzialfaktoren wie Maschinen, aber auch die Belegschaft) nicht der aktuellen Nachfrage angepasst werden. Erst in der langen Frist kann das Unternehmen sämtliche Ressourcen auf die erwartete Nachfrage abstimmen. In der kurzen Frist bleiben die Über- oder Unterkapazitäten bestehen. Es können Monate vergehen, bis das Unternehmen eine Alternative für die Überkapazität findet oder im schlechtesten Fall diese Überkapazität eliminiert. Auch eine Überschussnachfrage kann die Unternehmensleistung beeinträchtigen, da das Unternehmen Zeit benötigt, bis zusätzliche Produktionsressourcen zur Verfügung stehen.

Fixkosten wie zum Beispiel die Umsatzkostenart «Forschungs- und Entwicklungskosten» und die Gesamtkostenart «Personalkosten» sind in der Regel nicht mengen- oder umsatzproportional; sie sind also beschäftigungsunabhängig. Veränderungen von Fixkosten erfolgen erst bei größeren Beschäftigungsschwankungen; man spricht dann häufig von sprungfixen Kosten.

Variable Kosten wie zum Beispiel Rohstoffkosten oder Packmittel sind dagegen stets mengen- und umsatzproportional, d.h. gehen bei Umsatzeinbrüchen automatisch, also ohne Zutun des Managements zurück.

Ohne die Trennung von fixen und variablen Kosten ist es nicht möglich, den Break-even-Punkt – die Gewinnschwelle – zu errechnen sowie bei unterschiedlichen Beschäftigungsgraden plausible Kosten- und Ergebnisschätzungen durchzuführen. Das bekannte Phänomen der Kostenremanenz – das ist das Beharrungsvermögen von Fixkosten – und der Grad der Abbaubarkeit von Fixkosten bedürfen einer eindeutigen Trennung fixer und variabler Kosten.

Ebenfalls zu trennen sind zweitens die Daten unterschiedlicher *Warenursprünge*. In der Regel setzt ein Unternehmen nicht nur selbstgefertigte Produkte und Leistungen *(Eigenerzeugnisse)* um, sondern vertreibt – im Verbund mit anderen Gesellschaften desselben Konzerns – auch *Konzern-* oder *Gruppenwaren*, oder es tätigt zur Sortimentsergänzung Zukäufe bei Dritten, um damit zu handeln

(Handelswaren). Die Trennung dieser unterschiedlichen Warenursprünge hängt mit der Unterscheidung von variablen und fixen Kosten direkt zusammen.

In einer Gesamtrechnung über alle Warenursprünge werden die Einstandskosten für Gruppenwaren (zu Verrechnungspreisen) und Handelswaren (zu Einkaufspreisen) mit den Rohstoffkosten der Eigenerzeugnisse in einen Topf geworfen. In der Praxis findet man dabei nicht selten die Position «Herstellkosten/Einstandskosten», die ins Verhältnis zum Umsatz gesetzt wird. Bei derartigen Strukturen muss eine Aufteilung in die drei Warenursprünge gemacht werden. Bei Eigenerzeugnissen analysiert man die Rendite der Eigenfertigung, bei Gruppenwaren die Höhe und Plausibilität der Verrechnungspreise und bei Handelswaren von Dritten die Höhe der Zukaufspreise im Vergleich zu Marktpreisen anderer Anbieter sowie zu den Kosten (zum Aufwand) dieses Zusatz- oder Ergänzungsgeschäfts. Bei der klassischen Arbeitsteilung in der Gruppe – Produktionsgesellschaft beliefert Vertriebsgesellschaft – bilden die Ergebnisrechnungen der Gruppenwaren und Eigenwaren die Basis für die Ermittlung des konsolidierten Ergebnisses.

Neben der Aufspaltung in die einzelnen Warenursprünge sowie der Unterscheidung in variable und fixe Kosten spielt drittens die Trennung in Einzel- und Gemeinkosten eine wichtige Rolle. Während sich das Begriffspaar variabel und fix auf das Kostenverhalten bei Veränderung der Leistungsmenge oder Beschäftigung bezieht, geht es bei Einzel- und Gemeinkosten um die Frage der *Zurechenbarkeit*. Lassen sich die Kosten *direkt* einer Bezugsgröße zurechnen, dann spricht man von Einzelkosten. Werden die Kosten hingegen nicht bei einer Bezugsgröße gesondert erfasst, dann handelt es sich um Gemeinkosten. (Echte) Gemeinkosten eines Bezugsobjekts existieren also immer dann, wenn sie durch Entscheidungen ausgelöst werden, die das betrachtete Bezugsobjekt und weitere *gemeinsam* betreffen.

Für die Kostenrechnung stellt sich dann die Schwierigkeit der Schlüsselung oder *Umlage* auf die beteiligten Einheiten. Dabei kommt es sowohl auf der Ebene der Kostenartenrechnung als auch bei der Kostenstellen- und der Kostenträgerrechnung zu einer Aufschlüsselung von Gemeinkosten. Ziel dieser Vorgehensweise ist es, möglichst alle Kosten den Kostenträgern (Produkte, Aufträge, Kunden etc.) anzulasten, also jenen Bezugsobjekten, welche die Kosten «(er)tragen» müssen. Der in diesem Zusammenhang in der Praxis weit verbreitete Begriff der *«verursachungsgerechten»* Zuordnung der Gemeinkosten ist allerdings *irreführend,* weil sich Gemeinkosten definitionsgemäß nur willkürlich schlüsseln lassen. Treffender wäre die Bezeichnung «beanspruchungsgerechte» Zuordnung (siehe die Ausführungen unten).

Man könnte daher auf die Idee kommen, auf eine Schlüsselung von Gemeinkosten von vornherein zu verzichten und sie nur dort zu erfassen und auszuweisen, wo sie gerade noch als Einzelkosten anfallen. So könnte man beispielsweise die *Overheadkosten* (etwa Kosten der Geschäftsleitung sowie zentraler Servicebereiche) dort stehen lassen, wo sie direkt erfassbar sind, also in den entsprechenden Kostenstellen der Geschäftsleitung oder Servicebereiche, und sie dann in der Ergebnisrechnung als Block ausbuchen. Dieser Vorgehensweise kann jedoch entgegengehalten werden, dass alle Profit-Center in einem Unternehmen diese Overheadkosten anteilig tragen müssen, soll das Unternehmen einen Gesamtgewinn verbuchen können. Daher werden sämtliche Gemeinkosten per Konvention auf die Kostenträger zugerechnet – im Sinne von Soll-Deckungsbeiträgen – und in der Regel, analog zu den Fixkosten, in Prozent vom Umsatz ausgedrückt.

Einen anderen Ansatz wählt die Prozesskostenrechnung (▷ Prozesskostenrechnung), bei der eine (zusätzliche) Untergliederung des Unternehmens nach Prozessen und eine entsprechende Zuordnung der Gemeinkosten auf diese Prozesse vorgenommen werden. Ziel ist eine Verrechnung der Prozesskosten auf die Kostenträger über die Intensität der Inanspruchnahme der verschiedenen Prozesse und damit eine differenziertere Zuordnung der Gemeinkosten in Abhängigkeit der Belastung des Gemeinschaftsfaktors: Wer eine Gemeinschaftsressource stärker nutzt, soll auch mehr dafür bezahlen. Dieses auf den ersten Blick plausible «Beanspruchungsprinzip» kann aber auch zu unerwünschten Effekten der Nutzung führen: Gemeinkosten sind eben Kosten, die sich definitionsgemäß nicht direkt (also nicht als Einzelkosten) den Nutzern zuordnen lassen. Insbesondere dann, wenn die Gemeinkosten zudem fix sind, kann es zu Fehlsteuerungen kommen. Ein anschauliches Beispiel ist in Teil 3 unter dem Titel «Paradox: Wassersparen macht Wasser teurer» beschrieben.

3 Von den Steuerungsgrößen zum Controlling-Cockpit

3.1 Wie kann man die Zielvorgaben für Profit-Center ableiten?

Renditeorientierung beginnt mit der Ableitung des zu erzielenden Gesamtergebnisses aus den Verzinsungsansprüchen der Investoren. Nehmen wir einmal an, dass die Anforderung der Eigenkapitalgeber bei 10% nach Unternehmenssteuern liegt und der Marktwert des betrachteten Modellkonzerns circa 20 Mrd. EUR beträgt. Dann erwarten die Investoren für das betrachtete Geschäftsjahr ein Ergebnis in der Größenordnung von 2 Mrd. EUR nach Steuern vom Einkommen und Ertrag. Durch Anwendung eines pauschalisierten Steuersatzes (zum Beispiel von 35%) erhält man die Ergebnisvorgabe (3,08 Mrd. EUR) für den Gesamtkonzern vor Steuern. Davon muss noch das geplante Finanzergebnis abgezogen werden, um den *Gewinnanspruch an das betriebsnotwendige Kapital* zu ermitteln. Beispielhaft sei von einem Soll-EBIT von 2,6 Mrd. EUR ausgegangen. Der Bezug zum betriebsnotwendigen, beschäftigten Kapital (Capital Employed) – vereinfachend sei von 18 Mrd. EUR ausgegangen – ergibt dann theoretisch die Vorgabe der Ziel-Rendite (14,4%) durch die Geschäftsleitung.

In der Praxis wird die Renditeforderung der Investoren von Jahr zu Jahr schwanken. Auch dürfte der Marktwert noch größeren Ver-

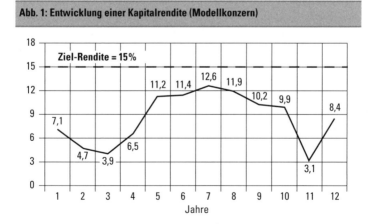

Abb. 1: Entwicklung einer Kapitalrendite (Modellkonzern)

werfungen ausgesetzt sein. Deshalb ist es sinnvoll, von einer längerfristigen Ziel-Rendite auf das eingesetzte Kapital auszugehen. Im betrachteten Modellkonzern der Abbildung 1 liegt diese beispielhaft bei 15%, während die tatsächliche Entwicklung des Modellkonzerns über einen Zwölf-Jahres-Zeitraum stark schwankt.

Die vorgegebene Gesamtkapitalrendite – auf den Ebenen EBIT und betriebsnotwendiges Kapital – muss nun vom *Zentralcontrolling* auf die Unternehmensbereiche und von dort vom Bereichscontrolling entlang der Profit-Center-Hierarchie auf die Stufe Bruttobetriebsergebnis überführt werden. *Die Kapitalrendite dieser Profit-Center ist die Bruttorendite.*

Mit der Definition des Profit-Centers, der Klärung fixer und variabler Kosten und der Separierung der Warenursprünge kann das Controlling mit dem Aufbau seiner kapitalrenditeorientierten Strukturdaten beginnen, ausgehend von der bereits bekannten Renditeformel. Anschließend muss die Bruttorendite der Profit-Center durch die Aufteilung in das Wertepaar Umsatzrendite und Kapitalumschlag wieder «zum Sprechen» gebracht werden.

Die Überleitung der Zielvorgabe eines Konzerns auf die Ebenen eines Bereichs und der nachfolgenden Einheiten erfordert eine Reihe von Annahmen und Vorgaben. Zunächst erhält der Bereich – bei gegebenem Umsatz und aktueller Kosten- und Kapitalstruktur – eine absolute Ziel-Ergebnisvorgabe auf Basis EBIT. Damit kann bereichsintern zunächst ein Ziel-Betriebsergebnis abgeleitet werden und daraus die Stufe Ziel-Bruttobetriebsergebnis und Ziel-Bruttorendite.

Wenn es also – *für die oben genannte Struktur und bei gegebenem Kapital* – gelingt, die Gesamtheit der Profit-Center eines Bereichs oder einer Geschäftseinheit auf die abgeleitete Ziel-Umsatzrendite und den Ziel-Kapitalumschlag zu bringen oder zu halten, dann wird die globale Ziel-Kapitalrendite des Konzerns von 15% (ROCE) gerade erfüllt.

Merke: *Bei gegebenem Kapital* ist das Ziel jeder Strategie eines Profit-Centers die Maximierung seiner Bruttorendite, die durch eine Optimierung sowohl der Umsatzrendite als auch des Kapitalumschlags angestrebt werden muss.

3.2 Wie lassen sich die Steuerungsgrößen eines Profit-Centers ableiten?

Wie steuert man die Umsatzrendite und den Kapitalumschlag in einem Profit-Center? Hierzu müssen zunächst die typischen Kosten- und Kapitalstrukturen eines Profit-Centers ermittelt werden. Tatsächlich ist jedes Profit-Center durch eine Grundstruktur bei Kosten und Erlösen definiert, wie das Beispiel aus der Chemie in Abbildung 2 zeigt. Die Ergebnisebene ist hier das Bruttobetriebsergebnis (also vor Overheadkosten); die Fixkosten 1 sind entsprechend die Fixkosten, die sich unmittelbar auf die Leistungserstellung und -verwertung des Profit-Centers beziehen (also ebenfalls vor Overheadkosten), die Vermögensebene das direkt zurechenbare betriebsnotwendige Kapital, also im Einzelnen das Anlagevermögen in der Produktion und, wo eindeutig zuordnbar, auch das Umlaufvermögen abzüglich des zinslosen Fremdkapitals (Abzugskapital).

Um auf die Ziel-Umsatzrendite von mindestens 20 % zu kommen, dürfen – bei durch Preis und variablen Kosten vorgegebenen Deckungsbeiträgen von zum Beispiel 65 % – die Fixkosten 1 (bis zum Bruttobetriebsergebnis) maximal 45 % betragen (Abbildung 2). Oder anders formuliert: Bei vorgegebenen Fixkosten von 45 % dürfen die variablen Kosten maximal 35 % vom Umsatz erreichen.

Ein Ergebnis (in diesem Fall das Bruttobetriebsergebnis) ist die Differenz aus Deckungsbeitrag und Fixkosten. Bezogen auf das Geschäft – also den Umsatz – ist die Umsatzrendite stets die Differenz aus der Deckungsbeitragsrate (= Deckungsbeitrag in Prozent vom Umsatz) und den Fixkosten in Prozent vom Umsatz. Wie diese beiden Strukturgrößen definiert sind und durch welche primären operativen Steuerungsgrößen sie beeinflusst werden, zeigt Abbildung 3.

Die *Deckungsbeitragsrate* (DB-Rate), synonym die *DB-Intensität*, ergibt sich direkt aus der Relation der variablen Stückkosten und der Verkaufspreise. Steigt der Preis – bei unveränderten Stückkosten –, steigt die DB-Rate und umgekehrt. Fallen die Stückkosten –

Abb. 2: Kosten- und Erlösstruktur am Beispiel der Chemie	
Umsatz	**100 %**
− variable Kosten	35 %
= Deckungsbeitrag (DB 1)	65 %
− Fixkosten 1	45 %
= **Bruttobetriebsergebnis**	**+20 %**

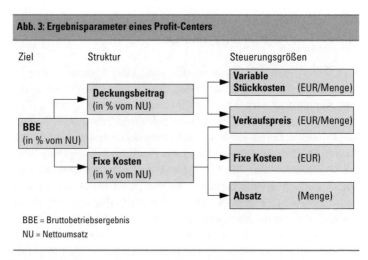

Abb. 3: Ergebnisparameter eines Profit-Centers

BBE = Bruttobetriebsergebnis
NU = Nettoumsatz

bei unveränderten Preisen –, steigt die DB-Rate ebenfalls und umgekehrt.

Die *Fixkostenrate* – Fixkosten in Prozent vom Umsatz – wird durch die absolute Höhe der Fixkosten bezogen auf das jeweilige Umsatzvolumen definiert. Sinkt der Umsatz – bei vorgegebenen Fixkosten –, steigt die Fixkostenrate und vice versa. Der Umsatz selbst ist das Produkt aus Absatz und Verkaufspreis. Steigt der Absatz – bei konstanten Preisen –, sinkt die Fixkostenrate: Die Fixkosten «verdünnen» sich relativ zum Umsatz. Sinkt der Absatz – bei konstanten Verkaufspreisen –, steigt die Fixkostenrate: Die Fixkosten «verdicken» sich (in Prozent vom Umsatz). Diese Effekte treten analog auf, wenn sich der Verkaufspreis bei konstanter Menge verändert.

Bevor man diese Zusammenhänge für eine gezielte Steuerung der Profit-Center nutzt, muss man sich zunächst über die spezifischen Kostenstrukturen und über die angemessene Höhe der einzelnen Fixkostenpositionen und der variablen Kostenarten eines Profit-Centers im Klaren sein.

Abb. 4: Struktur der variablen Kosten (Targets) am Beispiel der Chemie	
Variable Kosten	**35%**
■ Frachten/Packmittel	4%
■ Provisionen	1%
■ Rohstoffkosten	25%
■ variable Energiekosten	5%

Abb. 5: Fixkosten-Targets am Beispiel der Chemie	
Fixkosten 1	**45%**
▪ Versandkosten	3%
▪ Vertriebskosten	12%
▪ Fertigungskosten	30%

Die variablen Kosten – als Stückkosten bzw. umsatzproportionale Kosten ermittelt – bilden die variable Struktur, was in Abbildung 4 beispielhaft für eine *typische Produktionsgesellschaft* gezeigt wird.

Die Fixkosten – zwischen Deckungsbeitrag (DB 1) und Bruttobetriebsergebnis – liegen in einer spezifischen Gewichtung vor (siehe Abbildung 5 für ein Beispiel aus der Chemie).

Bei dieser typisch produktionsorientierten Struktur sind die fixen Fertigungskosten der größte Kostenblock. Bei einem Handelsunternehmen entfällt dieser Aufwand; dafür dominieren die Vermarktungskosten bei Vertrieb und Versand.

Die Anteile der variablen Kosten und des Deckungsbeitrags am Umsatz ergeben zusammen immer 100% (Deckungsbeitrag = Umsatz – variable Kosten).

Damit ist die *Umsatzrendite* (UR) die Differenz aus dem Deckungsbeitrag in Prozent vom Umsatz (der DB-Rate oder -Intensität) und den Fixkosten in Prozent vom Umsatz (den Strukturkosten eines Profit-Centers).

3.3 Wie kann das Umsatzrendite-Zielfeld eines Unternehmens anschaulich dargestellt werden?

Die Umsatzrendite lässt sich sehr anschaulich in einem Deckungsbeitrags-Fixkosten-Diagramm *(Umsatzrendite-Diagramm)* darstellen (Abbildung 6).

Das Umsatzrendite-Zielfeld muss man – in Kenntnis vorgegebener und realistischer Rahmenbedingungen – eingrenzen: Eine Bandbreite von 20 bis 30% soll heißen, dass es mindestens 20% sein sollten, aber selten über 30% sein werden, selbst unter günstigsten Bedingungen. Deckungsbeitragsraten über 90% sind bei Produktionsgesellschaften unrealistisch, ebenso solche mit Fixkosten unter 20% vom Nettoumsatz.

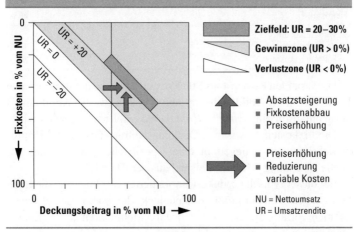

Abb. 6: Umsatzrendite-Diagramm

Eine Umsatzrendite von null Prozent (Basis Bruttobetriebsergebnis) ergibt sich sowohl bei einer deckungsbeitragsstarken Produktlinie – zum Beispiel Deckungsbeitragsraten von 60% vom Nettoumsatz –, aber gleich hohen Fixkosten von 60% vom Nettoumsatz, als auch bei einer deckungsbeitragsschwachen Produktlinie – zum Beispiel Deckungsbeitragsraten von nur 40% vom Nettoumsatz –, aber dafür günstigen Fixkosten von nur 40% vom Nettoumsatz.

Die Strategien, diese Produktlinien ins Zielfeld zu bringen, sind vermutlich unterschiedlich. Die erforderlichen Maßnahmen lassen sich sehr gezielt und plausibel aus der Position im Umsatzrendite-Diagramm ablesen.

Innerhalb desselben Arbeitsgebiets ergibt ein *extrem unterschiedliches Wertepaar* aus DB-Rate und Fixkosten (%) bei gleicher Umsatzrendite und gleicher Auslastung – zum Beispiel 70/50 gegenüber 50/30 – einen ersten Hinweis auf eine *unterschiedliche Fertigungstiefe*. Profit-Center mit einem Wertepaar 70/50 – hohe DB-Rate, aber auch hohe Fixkosten – zeugen von hoher Fertigungstiefe oder vermutlich aufwendiger Technologie («high tech»). Profit-Center mit einem Wertepaar von 50/30 erreichen ebenfalls eine Umsatzrendite von 20%, jedoch mit einer anderen, in diesem Fall flacheren Kosten- und Kapitalstruktur («low tech»). Das gibt einen Hinweis auf die strategischen Alternativen, über die – unter Berücksichtigung des Kapitals und damit des Kapitalumschlags – nur die Kapitalrendite und daraus abgeleitet der Übergewinn entscheiden kann und nicht die Umsatzrendite.

Merke: Grundsätzlich kann man immer an allen «Knöpfen» zur Verbesserung der Umsatzrendite drehen. Dennoch ist es in der Regel nicht sinnvoll, bei einer deckungsbeitragsstarken Produktlinie vorrangig die Preise und damit die Deckungsbeitragsrate weiter zu erhöhen oder bei günstigen Fixkosten einen weiteren Kostenabbau durchzusetzen. Solche Maßnahmen sind eher kontraproduktiv.
Bei deckungsbeitragsschwachen Produktlinien stehen der Preis und speziell die (variablen) Rohstoffkosten im Fokus, bei hohen Fixkosten dagegen deren Abbau oder – falls nur durch schlechte Beschäftigung «verdickt» – eine Fixkostenverdünnung durch Steigerung der Absatzmenge.

Nach der Optimierung der Umsatzrendite wird im nächsten Schritt der Bezug zum Kapitaleinsatz durch die *Optimierung des Kapitalumschlags* hergestellt. Möglicher Hebel der *Kapitalumschlagsoptimierung* ist zum einen der Umsatz (Zählergröße), der sowohl über Preiserhöhungen als auch über eine Mengensteigerung zu erreichen ist. Zum anderen kann der Kapitalumschlag (eine Art «betriebswirtschaftliche Geschwindigkeit») durch Abbau von gebundenem Vermögen (zum Beispiel über Prozessreorganisation) erhöht werden.

Die getrennte Optimierung von Umsatzrendite und Kapitalumschlag kann zu einer suboptimalen Kapitalrendite führen. Entscheidend ist bei gegebenem Kapital die Maximierung des Wertepaares, d.h. der Kapitalrendite (▷ «Wertepaar Umsatzrendite und Kapitalumschlag»).

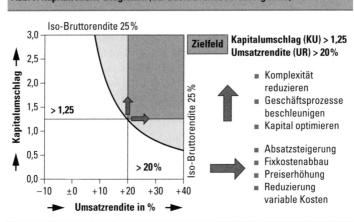

Abb. 7: Kapitalrendite-Diagramm (auf Basis Bruttobetriebsergebnis)

Stellt man Umsatzrendite und Kapitalumschlag als Koordinaten eines Kapitalumschlag-Umsatzrendite-Diagramms dar (auch einfach als *Kapitalrendite-Diagramm* [hier auf Basis Bruttobetriebsergebnis] bezeichnet), werden die Zusammenhänge zwischen den beiden Größen deutlich. Eine bestimmte Bruttorendite kann mit beliebig vielen Wertepaaren gebildet werden. Diese ergeben die Iso-Bruttorendite-Linie im Diagramm in Abbildung 7, eine Hyperbel. Ein einzelnes Profit-Center oder Geschäft wird jedoch seine optimale Bruttorendite durch eine ganz spezifische Kombination beider Werte erreichen. Legt man branchentypische Standards für Umsatzrendite und Kapitalumschlag fest, ist das Zielfeld für ein rentables Profit-Center definiert. Das Zielfeld bedeutet Deckungsbeitragsstärke bei gleichzeitig idealer Fixkosten- und Kapitalstruktur.

Während bei der Umsatzrendite allein das Bruttoergebnis im Fokus steht, wird durch den Bezug zum investierten Kapital das ganze Potenzial an Maßnahmen zur Renditesteigerung veranschaulicht, das der Kapitalumschlag-Hebel anbietet:

- Abbau der Komplexität
- Beschleunigung der Prozesse
- Reduzierung der Produkt- und Sortimentsvielfalt
- Reduzierung des Anlagevermögens auf das betriebsnotwendige Maß
- Optimierung des Umlaufvermögens (Vorräte und Forderungen aus Lieferungen und Leistungen, siehe ▷ «Working Capital Management»).

Praxistipps

Die Beschleunigung von Prozessketten und die Vereinfachung von Organisations-, Produktions- und Sortimentstrukturen sind häufig die am besten geeigneten Maßnahmen zur Optimierung der Rendite. Wer nur den Gewinn und die Umsatzrendite im Fokus hat, steuert in der Regel höchst unvollkommen, da er *keinen* Bezug zum eingesetzten Kapital hat.

Die Bedeutung des Kapitalumschlags wird in der Praxis immer noch unzureichend erkannt. Die meisten Entscheidungsträger sind eindeutig von der Umsatzrendite getrieben. Das Risiko von Fehlentscheidungen ist dadurch hoch. So gibt es in der Praxis spektakuläre Beispiele, wie die Erkennung und Nutzung des Kapitalumschlags bessere – oder zumindest gleichwertige – Lösungen ermöglicht. In der Diskussion um die angeblich notwendige Verlagerung einer Produktion in das «billigere» Ausland wird fast ausschließlich mit Kosteneinsparungen argumentiert. Die Frage nach dem Hebel des Kapitalumschlags wird dabei häufig ignoriert.

Angenommen, bei einer Gesellschaft, die in Deutschland produziert, liege die Umsatzrendite aufgrund relativ hoher Personalkosten bei maximal 4%. Bei einer Verlagerung der Produktion ins Ausland können die Personalkosten um 75% sinken; die Umsatzrendite sei dann bei circa 15%. Bei alleiniger Berücksichtigung der Umsatzrendite erscheint eine Verlagerung angebracht. Bei Berücksichtigung des Kapitalumschlags kann sich für den deutschen Standort dennoch ein Vorteil ergeben: Durch eine deutlich höhere Produktivität – schnelle Prozesse, geringe Fehlerquote, geringer Ausschuss, geringe Bindung im Umlaufvermögen – sei der Kapitalumschlag bei 4, im ausländischen Werk bei 1, was einer Kapitalrendite von 16% im deutschen und 15% im ausländischen Standort entspricht. Viele Entscheidungen zur Standortverlagerung scheinen mit dem Argument der Umsatzrendite und nicht mit dem der Kapitalrendite getroffen zu werden. So zeigt eine Befragung Schweizer Industrieunternehmen durch die Hochschule Luzern, dass in den Jahren 2010 bis 2012 auf jeden vierten auslagernden Schweizer Betrieb ein rückverlagernder Betrieb fällt, wobei als zentrale Gründe für die Rückverlagerung Qualitäts- und Flexibilitätseinbußen genannt werden (vgl. Waser, 2013).

Auch die Kommentierung in Geschäftsberichten und Wirtschaftskommentaren ist selten auf den Kapitalumschlag ausgerichtet.

Merke: Jeder Controller, dem es gelingt, im Management die Gleichgewichtung von Umsatzrendite und Kapitalumschlag zu vermitteln – identisch mit der konsequenten Ausrichtung auf die Zielfunktion Kapitalrendite (auf Ebene Profit-Center: Bruttorendite) –, leistet einen fundamentalen Beitrag zur Verbesserung des Managements und damit zur Vermeidung von Fehlsteuerungen.

3.4 Wie lässt sich das Cockpit eines Unternehmens und seiner Profit-Center einrichten?

Ständige Änderungen im Umfeld der Rechnungslegung oder der Finanzierung und die unvermeidliche Bürokratisierung der Unternehmensaufsicht machen es nötig, dem Management überschaubare Steuerungsinformationen zu liefern. Das Controlling muss das «Cockpit» seiner Firma und seiner Profit-Center einrichten.

Abb. 8: Ergebnisgrößen einer operativen Berichterstattung (nach Umsatzkosten)

Gesellschaft: Modell AG

Perioden	1	2	3	4	5

- Nettoumsatz Eigenerzeugnisse
- Nettoumsatz Handelswaren
- Betriebstypische sonstige Geschäfte

Nettoumsatz

- Absatzkosten (Frachten, Packmittel, Provisionen) ⎫
- Stoffkosten Eigenwaren
- Variable Fertigungskosten   ⎬ variable Kosten
- Einstandskosten Handelswaren   ⎭

Deckungsbeitrag 1 (DB 1)   ⇐

- Fertigungskosten ⎫
- Versandkosten   ⎬ Fixkosten 1
- Vertriebskosten ⎭

Bruttobetriebsergebnis (BBE = DB 2)   ⇐ Bruttorendite

- Forschungskosten   ⎫
- Verwaltungskosten   ⎬ Fixkosten 2
- Sonstige Betriebskosten
- Einmalkosten   ⎭

Betriebsergebnis   ⇐

- Sonstiges betriebliches Ergebnis

Ergebnis der Betriebstätigkeit (= EBIT)   ⇐ Rendite auf das BNK* (= ROCE)

- Finanzergebnis

Ergebnis vor Ertragssteuern   ⇐

- Direkte Steuern

Ergebnis nach Steuern   ⇐

* Betriebsnotwendiges Kapital

Ausgangspunkt sind die Finanzdaten aus der operativen Berichterstattung (Abbildung 8). Diese enthält alle Informationen über die in einer Periode getätigten Umsätze (bestehend aus Mengen- und Preisangaben) sowie die dafür angefallenen Kosten.

Für die Transparenz ist es notwendig, die Kosten in variable und fixe Kosten zu trennen und nach Kostenarten zu unterscheiden. Des Weiteren kann eine Unterscheidung von Einmalkosten und laufenden Kosten zweckmäßig sein, um Aussagen über die Repräsentativität der Kosten treffen zu können. Im Rahmen einer mehrstufigen Deckungsbeitragsrechnung werden darüber hinaus mehrere Fixkostenschichten (z.B. Erzeugnisartfixkosten, Erzeugnisgruppenfixkosten, Sparten- oder Bereichsfixkosten, Unternehmensfixkosten) unterschieden. Dies führt dann zu einer Vielzahl von Deckungsbeiträgen. In der vorliegenden operativen Berichterstattung werden nur zwei Arten von Fixkosten unterschieden: Fixkosten 1, die sich unmittelbar auf die Leistungserstellung und -verwertung des Profit-Centers beziehen (im Einzelnen fixe Fertigungs-, Versand- und Vertriebskosten), sowie alle anderen Fixkosten, die sich vor allem aus Forschungs- und Entwicklungs- sowie Verwaltungskosten zusammensetzen (Fixkosten 2). Um einen Zeitvergleich zu ermöglichen, können alle Daten über einen längeren Zeitraum angegeben werden; im vorliegenden Beispiel wurde die Berichterstattung für 5 Perioden veranschlagt.

Während die Kapitalrendite eines *Konzerns* oder auch einer Konzerngesellschaft häufig auf der Ebene EBIT gemessen wird, steuert man einen *Produktbereich,* einen *Produktionsbetrieb* oder ein *Sortiment* auf einer Ergebnisebene, auf der die Kosten- und Kapitalzuordnung noch plausibel und sinnvoll ist, zum Beispiel auf Ebene des Bruttobetriebsergebnisses und somit vor Fixkosten 2.

Ausgehend von den dargestellten Finanzdaten aus der operative Berichterstattung kann unter Anwendung der beiden Rendite-Diagramme (Umsatzrendite und Kapitalrendite) das ▷ «Controlling-Cockpit» erstellt werden (Abbildung 9), hier auf Basis des Betriebsergebnisses.

Dieses Cockpit enthält alle Daten und Datenstrukturen, die zur Beschreibung und Steuerung eines Unternehmens auf Ebene Betriebsergebnis notwendig sind.

Abb. 9: Controlling-Cockpit (Betriebsergebnis)

Gesellschaft: Modell AG **Standort/Produktlinie: XYZ**

in 1.000 EUR

Perioden	1	2	3	4	5
Menge in Tonnen	**1.000**	**1.100**	**1.200**	**1.300**	**1.400**
Verkaufspreis EUR/kg	**100,00**	**101,00**	**102,00**	**103,00**	**104,00**
Nettoumsatz (NU)	100.000	111.100	122.400	133.900	145.600
Betriebsergebnis (BE)	10.000	15.000	20.000	25.000	30.000
Umsatzrendite (BE in % vom NU)	*10,0*	*13,5*	*16,3*	*18,7*	*20,6*
Break-even (Umsatz)	83.333	85.850	88.400	90.983	93.600
Break-even (Menge)	833	850	867	883	900
Fixkosten (bis BE)	**50.000**	**51.000**	**52.000**	**53.000**	**54.000**
■ *in % vom NU*	*50,0*	*45,9*	*42,5*	*39,6*	*37,1*
Variable Kosten	40.000	45.100	50.400	55.900	61.600
■ *in % vom NU*	*40,0*	*40,6*	*41,2*	*41,7*	*42,3*
■ **EUR/kg**	**40,00**	**41,00**	**42,00**	**43,00**	**44,00**
Deckungsbeitrag (DB 1)	60.000	66.000	72.000	78.000	84.000
■ *in % vom NU*	*60,0*	*59,4*	*58,8*	*58,3*	*57,7*
Betriebsnotwendiges Kapital (BNK)	**80.000**	**81.000**	**82.000**	**83.000**	**84.000**
Kapitalrendite (BE in % vom BNK)	*12,5*	*18,5*	*24,4*	*30,1*	*35,7*
Kapitalumschlag (NU/BNK)	1,25	1,37	1,49	1,61	1,73

Fixkostenstruktur	in 1.000 EUR		in % vom NU		Schwachstellen
	Periode 4	Periode 5	Periode 4	Periode 5	☐ Menge
■ Versandkosten	3.000	3.500	*2,2*	*2,4*	☐ Fixkosten
■ Vertriebskosten	10.000	10.500	*7,5*	*7,2*	☐ Preis
■ Fertigungskosten	30.000	30.000	*22,4*	*20,6*	☐ Variable Kosten
■ Overheadkosten	10.000	10.000	*7,5*	*6,9*	☐ Kapitalbindung

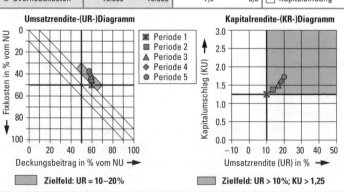

Umsatzrendite-(UR-)Diagramm — Zielfeld: UR = 10–20%
Kapitalrendite-(KR-)Diagramm — Zielfeld: UR > 10%; KU > 1,25

Abb. 10: Ergebnis, Break-even und Rendite im Controlling-Cockpit

in 1.000 EUR

Perioden	1	2	3	4	5
Menge in Tonnen	1.000	1.100	1.200	1.300	1.400
Verkaufspreis in EUR/kg	100,00	101,00	102,00	103,00	104,00
Nettoumsatz (NU)	100.000	111.100	122.400	133.900	145.600
Betriebsergebnis (BE)	10.000	15.000	20.000	25.000	30.000
Umsatzrendite (BE in % vom NU)	*10,0*	*13,5*	*16,3*	*18,7*	*20,6*
Break-even (Umsatz)	83.333	85.850	88.400	90.983	93.600
Break-even (Menge)	833	850	867	883	900
Betriebsnotwendiges Kapital (BNK)	80.000	81.000	82.000	83.000	84.000
Kapitalrendite (BE in % vom BNK)	*12,5*	*18,5*	*24,4*	*30,1*	*35,7*
Kapitalumschlag (NU/BNK)	1,25	1,37	1,49	1,61	1,73

In Abbildung 10 ist zunächst der *Ergebnisteil* dargestellt. Durch den Ausweis des betriebsnotwendigen Kapitals – im Idealfall das gesamte im Unternehmen beschäftigte Anlage- und Umlaufvermögen (AV + UV), korrigiert um das zinslose Fremdkapital – können die oberste Zielgröße, die Kapitalrendite, und der dabei wirkende Kapitalumschlag errechnet werden.

Neben den Ergebniszielen muss man aber auch genau wissen, wo die Verlustzone beginnt. Der *Break-even (Gewinnschwelle)* definiert dasjenige Geschäftsvolumen (Umsatz, Menge), bei dem das zu messende Ergebnis (hier Betriebsergebnis) einen vorgegebenen Mindestgewinn gerade erreicht (siehe ▷ «Break-even-Analyse»). In der Unternehmenspraxis interessiert man sich häufig für einen Mindestgewinn von gerade null. Je niedriger die Gewinnschwelle, desto früher erreicht man die Gewinnzone; bei rückläufigem Break-even erhöht sich bei gleich bleibendem Periodenumsatz das Periodenergebnis. Die Minimierung des Break-even ist also eine permanente Managementaufgabe.

In Abbildung 11 folgen der *Kostenteil,* exakt getrennt nach fixen und variablen Kosten, und der Ausweis aller Informationen zum Deckungsbeitrag, d.h. absolut, in EUR/Menge sowie in Prozent vom Umsatz (= Deckungsbeitragsrate beziehungsweise -intensität). Der Deckungsbeitrag ist sozusagen der Ausgangspunkt jedes Geschäfts.

Die Daten werden ergänzt durch eine *Aufteilung der Fixkosten* und Fixkostenstrukturen der letzten Perioden (Beispiel: Periode 4 und 5) sowie durch eine *Schwachstellen-Bewertung* der vier Ergebnisgrößen sowie des Kapitals (Abbildung 12).

Abb. 11: Kostenstruktur und Deckungsbeitrag im Controlling-Cockpit

in 1.000 EUR Perioden	1	2	3	4	5
Fixkosten bis (BE)	50.000	51.000	52.000	53.000	54.000
▪ in % vom NU	50,0	45,9	42,5	39,6	37,1
Variable Kosten	40.000	45.100	50.400	55.900	61.600
▪ in % im NU	40,0	40,6	41,2	41,7	42,3
▪ EUR/kg	**40,00**	**41,00**	**42,00**	**43,00**	**44,00**
Deckungsbeitrag (DB 1)	60.000	66.000	72.000	78.000	84.000
▪ in % im NU	60,0	59,4	58,8	58,3	57,7

Abb. 12: Aufteilung der Fixkosten (Umsatzkosten) im Controlling-Cockpit

Fixkostenstruktur	in 1.000 EUR		in % vom NU		Schwachstellen
	Periode 4	Periode 5	Periode 4	Periode 5	☐ Menge
▪ Versandkosten	3.000	3.500	2,2	2,4	☐ Fixkosten
▪ Vertriebskosten	10.000	10.500	7,5	7,2	☐ Preis
▪ Fertigungskosten	30.000	30.000	22,4	20,6	☐ Variable Kosten
▪ Overheadkosten	10.000	10.000	7,5	6,9	☐ Kapitalbindung

Für die Ebene «Betriebsergebnis» erweitert man den Fixkostenblock um die Overheadkosten (Verwaltungs-, Forschungs- und sonstige Betriebskosten). Dieser Ergebnisebene sollte stets das komplette betriebsnotwendige Vermögen, d. h. Anlage- und Umlaufvermögen, eventuell korrigiert um das zinslose Fremdkapital, gegenübergestellt werden.

Die Anzahl der Perioden im Controlling-Cockpit ist beliebig groß, sei es zur Dokumentation und Analyse der Vergangenheit, sei es zur Simulation von Planperioden. Es hat sich bewährt, die aktuellen Zahlen (Monat, Quartal, Jahr) mit einer Reihe von Vorperioden zu vergleichen, auch um Veränderungen von Steuerungsgrößen in ihrem repräsentativen Trend und in ihrer Dynamik besser beurteilen zu können.

Merke: Bei der *Ergebnissteuerung* ist es fundamental, dass sich die Ergebnisverantwortlichen – in der Regel das Team aus Produktmanagement, Produktion, Marketing, Forschung und Entwicklung – zunächst über die Stärken und Schwächen einig werden und sich dann über geeignete Maßnahmen zur Renditeverbesserung oder Renditekonsolidierung abstimmen. Das Controlling-Cockpit ist die gemeinsame Entscheidungsgrundlage für alle Beteiligten.

In der Excel-Datei können alle plausiblen Maßnahmen und Strategien direkt – wie in einem Planspiel – verarbeitet und betriebswirtschaftlich bewertet werden.

4 Entscheidungsunterstützung und Steuerung

4.1 Überblick

Controlling dient der Entscheidungsunterstützung. In der Praxis sind die unterschiedlichsten Entscheidungen zu treffen, von relativ einfachen, einperiodigen Kostenvergleichen bis zu komplexen, mehrperiodigen Investitionsrechnungen (Abbildung 13).

Im Folgenden wird gezeigt, wie die im Controlling geschaffene Transparenz genutzt werden kann, um Entscheidungen zu fundieren.

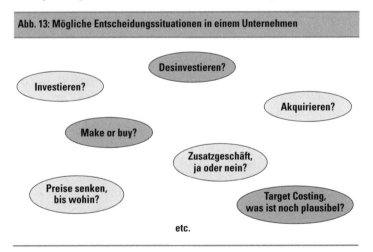

Abb. 13: Mögliche Entscheidungssituationen in einem Unternehmen

4.2 Wie trifft man Investitionsentscheidungen?

Investitionen sind als Ausgaben für Güter definiert, die einen längerfristigen (mehr als einjährigen) Beitrag zum Betriebszweck leisten, sowie als Ausgaben für die in die erworbenen Anlagegüter eingegangenen Dienstleistungen. Investitionen umfassen vor allem Zugänge zum Sachanlagevermögen – einschließlich der mit betriebseigenen Kräften realisierten Investitionen (zum Beispiel selbsterstellte Anlagen) – sowie Investitionen in immaterielle Vermögenswerte wie Software, Konzessionen, gewerbliche Schutzrechte und ähnliche Rechte.

Investitionen gestalten – neben dem Aufwand für Forschung und Entwicklung, der letztlich auch als eine Investition begriffen werden kann – das wirtschaftliche und strategische Fundament eines Unternehmens und sind damit für ein Unternehmen lebensnotwendig. Mit ihnen werden die Rahmenbedingungen für zumeist viele Perioden festgelegt. Fehlinvestitionen sind daher nur schwer korrigierbar und außerordentlich teuer.

Ergebnisse einer im Jahr 2011 durchgeführten Befragung von über 1.000 Industrieunternehmen zeigen, dass Kostenoptimierung, Prozessoptimierung und die Erschließung neuer Geschäftsfelder zu den wichtigsten Gründen für Investitionsentscheidungen in Deutschland zählen. Dieselben Unternehmen nennen im Hinblick auf Investitionsentscheidungen im Ausland die Erschließung neuer Geschäftsfelder, Marktentwicklung und eine Verbesserung der Renditeerwartungen als häufigste Gründe (vgl. BDI/IW/PwC, 2011).

Investitionsentscheidungen sind in vielfacher Hinsicht in die unternehmerischen Managementprozesse einzubetten und mit diesen abzugleichen. Das gilt sowohl für den *Genehmigungsprozess* und die dabei geltenden *Verantwortlichkeiten* und *Zuständigkeiten* als auch für die *Methodik* zur Berechnung und zum Nachweis der Wirtschaftlichkeit einer Investition oder gar einer ganzen Folge von einzelnen Projekten, d.h. einer Projektgruppe. Insbesondere die Verzahnung des Investitionscontrollings mit der Unternehmensplanung, aber auch die strategische Kapitalallokation sowie die Steuerung des Investitionsportfolios nennen Unternehmen in einer Befragung in Deutschland als größte Herausforderungen des Investitionscontrollings (vgl. PwC, 2010).

Die überragende Bedeutung von Investitionsentscheidungen in einem Unternehmen erfordert ein dichtes Netzwerk von Richtlinien, Auflagen, vorgegebenen Abläufen und Plausibilitätskontrollen, um das Risiko von Fehlinvestitionen einzugrenzen und möglichst niedrig zu halten.

Unabdingbare Voraussetzung für die Durchführung einer Investition ist der *Investitionsantrag*. Er enthält (vgl. veb.ch, 2011, S. 23) folgende Angaben:

- Kurzbeschreibung des Projekts in allgemein verständlicher Form und eine Angabe, um welche Form einer Investition (Neu-, Erweiterungs-, Ersatz-, Rationalisierungs- oder Compliance-Investition, die der Erfüllung regulatorischer Vorgaben – z.B. von Umweltschutzauflagen – dient) es sich handelt (in der Praxis hat man es oft mit einer Kombination aus den genannten Arten zu tun)
- Antragsteller
- Schlüsselkennzahlen (Key Figures) und geplante Einsparungen/Verbesserungen
- Projekt-Timing
- Projektverantwortliche
- nötige Maßnahmen, um die Betriebsbereitschaft eines Objekts zu erlangen
- approximative Aufteilung der Investitionskosten (aktivierbar, nicht aktivierbar).

Obwohl in der Vielfalt unternehmerischer Entscheidungsprozesse Investitionsentscheidungen besonders komplex und anspruchsvoll sein können, lässt sich das Instrumentarium der Investitions- und Wirtschaftlichkeitsrechnung nahtlos aus dem klassischen Ziel- und Kennzahlensystem des Finanz- und Rechnungswesens entwickeln.

Jedes Unternehmen muss zunächst eine Entscheidung darüber treffen, an welcher Zielgröße es seine Entscheidungsprozesse – und in diesem speziellen Fall die Investitionsrechnung – ausrichtet. Dass die Zielsetzung allgemein die Veränderung des Unternehmenswerts und daraus abgeleitet die Realisierung einer durchschnittlichen Kapitalrendite oberhalb der Ziel-Rendite des Unternehmens sein sollte – und nicht etwa ein Gewinn oder die Umsatzrendite etc. –, ergibt sich aus der in Kapitel 1 abgeleiteten Grundformel wirtschaftlichen Handelns.

Weiterhin muss die *strategische Nutzungsdauer* der Investition, also der Kalkulationszeitraum festgelegt werden, innerhalb dessen die geschätzten Zahlungen «eingesperrt» werden. Sie beträgt in Branchen mit relativ anspruchsvoller Technologie oder tiefer Innovationsfähigkeit (zum Beispiel Anlagenbau, Chemie, Abbau von Rohstoffen, Landwirtschaft) in der Regel 10 Jahre und entspricht damit dem üblichen Wertansatz für die kalkulatorischen Abschreibungen von jährlich 10% des gebundenen Anlagevermögens. Selbstverständlich gelten in *anderen Branchen* nicht zwangsläufig dieselben Zeitfenster. So ist in Branchen mit hoher Innovationstätigkeit und kurzem Produktlebenszyklus (wie der Internet- und Computertechnologie, der Informationstechnologie, aber auch der Modebranche) eine Lebensdauer von 10 Jahren illusorisch. Hier gelten Zeitfenster für eine Investition von vielleicht 2 bis 3 Jahren, was Abschreibungssätzen von 50 oder 33% entspricht. In Branchen mit mittlerer Innovationstätigkeit (darunter fallen die Automobil-, Nahrungsmittel- und Uhrenindustrie, der Maschinenbau, die Elektro- sowie Medizinaltechnik) liegt die Standard-Lebensdauer von Investitionsprojekten eher bei 5 Jahren (vgl. veb.ch, 2011).

Die strategische Nutzungsdauer ist also ähnlich wie die Umsatzrendite und der Kapitalumschlag eine geschäftsspezifische Größe, die sich nicht standardisieren lässt und sich wandeln kann. Selbst für ein bestimmtes wohldefiniertes Geschäft können sich die Kalkulationszeiträume im Laufe der Zeit erheblich verändern, etwa durch einen Technologiesprung, sodass eine ursprünglich auf 10 Jahre ausgerichtete Anlage zum Beispiel bereits nach 4 oder 5 Jahren ersetzt werden muss. Hier ist «das Bessere des Guten Feind».

Nach der Festlegung des Kalkulationszeitraums sind die Rechenmethoden zu bestimmen, mit denen man die Vorteilhaftigkeit von Investitionsprojekten beurteilen oder überprüfen will. Unseres Erachtens kommen grundsätzlich nur wenige Methoden in die engere Auswahl: die klassische ▷ «Kapitalwertmethode (Net Present Value)» und die ▷ «Reale Zinsfußmethode» (nach Baldwin). Beide Ansätze unterscheiden sich vor allem in der Kennzahl, welche die Vorteilhaftigkeit angibt: Die Kapitalwertmethode errechnet den auf den Entscheidungszeitpunkt bezogenen (absoluten) Mehr- oder Minderwert der Investition, ausgedrückt in Geld. Bei der Realen Zinsfußmethode wird demgegenüber die geometrische Durchschnittsrendite ermittelt, mit der sich die Investition gemäß Planung verzinst.

Vereinfachend können Investitionsentscheidungen auch mit Daten innerhalb einer Periode – eines Quartals oder eines Geschäftsjahrs – als *statische Rechnung* (besser: *Einperiodenrechnung*) hinreichend genau entschieden werden, wenn aufgrund der Erhöhung der Deckungsbeiträge oder aufgrund der Verringerung der liquiditätswirksamen Fixkosten die dafür notwendige Investitionsauszahlung innerhalb einer kurzen Frist mehr als ausgeglichen wird.

Wichtig für die Investitionsentscheidung ist daher ganz generell die Frage nach der «Amortisationszeit», also die Frage, wie lange die Investition braucht, um die Anfangsauszahlung durch ihre Rückflüsse auszugleichen. Investitionen mit einem hohen Kapitalwert oder äquivalent mit einer Durchschnittsverzinsung über der Ziel-Rendite können dennoch unattraktiv sein, wenn die Zahlungsströme (Rückflüsse) relativ spät einsetzen und das investierte Kapital eine lange *Wiedereinbringungszeit (Amortisationszeit)* aufweist. Für jedes Investitionsprojekt ist deshalb die Rückflussgeschwindigkeit der Cashflows – man spricht von *Kurzläufern oder Langläufern* – eine entscheidende Kenngröße. Investitionen in Technologien mit hohem Innovationspotenzial müssen sich, wenn irgend möglich, kurzfristig amortisieren. Wenn man nicht sicher ist, ob die Rahmenbedingungen einer Investition schon nach wenigen Jahren überholt sein könnten, ist das Risiko einer Fehlinvestition nur mit einem Kurzläufer wirksam zu vermindern.

Weiterhin muss jede projektbezogene Rechnung durch *Planergebnisrechnungen* des Arbeitsgebiets, in der die Investition stattfindet, ergänzt werden, um festzustellen, ob das Arbeitsgebiet insgesamt rentabel ist oder wird (▷ «Dualität von projekt- und produktbezogener Rechnung»).

In der *projektbezogenen Rechnung* wird zunächst «nur» der Nachweis der Rendite des Einzelprojekts – der Investition selbst – geführt. In diese Rechnung gehen nur *Ein- und Auszahlungen* ein, die direkt mit dem Projekt in einem Zusammenhang stehen und von diesem ausgelöst werden *(Marginalprinzip)*. Eine Investitionsrechnung enthält also zunächst weder Abschreibungen (diese Kostenart ist nicht liquiditätswirksam; eine Abschreibung ist ja nichts anderes als die buchhalterische Verteilung der Anfangsauszahlung auf die geschätzte Lebensdauer der Investition) noch zugeordnete Fixkosten.

In der *produktbezogenen Rechnung* wird hingegen dargestellt, wie hoch die Rentabilität des gesamten Arbeitsgebiets – Produktbereich, Produktklasse, Sortiment etc. – vor und nach der Investition ist, also durch diese Investition verändert wird. Dabei handelt es sich stets um eine *Planergebnisrechnung auf Vollkostenbasis*. Sie enthält die gesamten Abschreibungen und die durch die Erhöhung von Umsatz und Anlagevermögen gestiegenen direkten und zugeordneten Fixkosten. *Streng genommen* müsste man stattdessen für das gesamte Arbeitsgebiet eine Geschäftsbewertung mittels Diskontierung zukünftiger Cashflows – analog zur Investitions- oder Wirtschaftlichkeitsrechnung – vornehmen. In der Praxis hat es sich jedoch bewährt, lediglich zu prüfen, ob die Kapitalrendite durch die geplante Investition wieder in ihr Zielfeld zurückfindet oder ob weitere Maßnahmen, eventuell bis zur Aufgabe des Arbeitsgebiets, notwendig sind.

Beide Rechnungen, sowohl die Projektrechnung als auch die produktbezogene Planergebnisrechnung, müssen den Zielvorgaben entsprechen. So kann es durchaus sein, dass das Projekt selbst – der Erweiterungsbau oder das Projekt «auf grüner Wiese» – sehr rentabel ist, das momentan unrentable gesamte Arbeitsgebiet jedoch nicht saniert werden kann. In einem solchen Fall wird das an sich rentable Projekt zunächst nicht zum Zuge kommen. Stattdessen muss geprüft werden, ob es nicht vorteilhafter ist, das *gesamte Arbeitsgebiet aufzugeben* und zu desinvestieren.

Last but by no means least ist jede Investitionsrechnung nur so gut wie die Daten, die in sie eingehen *(«garbage in, garbage out»)*. Aus diesem Grund ist besonders auf die ▷ «Plausibilität von Daten» zu achten und die Rechnung um *qualitative und quantitative Risikobetrachtungen* zu ergänzen.

Eine wichtige «Nebenrechnung» von Wirtschaftlichkeits-Expertisen gilt deshalb der Sensitivität der Projektrendite bezüglich der wichtigsten Plangrößen (siehe ▷ «Sensitivität von Daten»). Je nach Struktur der Produktlinie reagiert das Ergebnis unterschiedlich sensitiv auf die Steuerungsgrößen: Verkaufspreise, Absatzmenge, variable Kosten, Fixkosten, Kapitalbindung.

 Praxistipps

In der Praxis hat es sich bewährt, die Basisplanung durch eine alternative Planung für diese fünf Größen – beispielsweise wird jeweils eine Verschlechterung um 10% durchgerechnet – zu ergänzen. Bleibt die Plan-Rendite in diesen Szenarien noch relativ stabil im Zielfeld, erscheinen die Risiken überschaubar. Fällt sie jedoch bei einer Schlechterstellung von «nur» 10% bei einer der Sensitivitätsfaktoren unter die Plan-Rendite, sind die Risiken für eine Durchführung der Investition (zu) hoch.

Bei Investitionsprojekten mit größeren Risiken – zum Beispiel neue Produkte, neue Märkte, verstärkte Konkurrenz – kann durch ein Worst-Case-Szenario das Risiko einer Fehlentscheidung weiter eingegrenzt werden.

Weitere Investitionsrisiken betreffen die Lebensdauer und die Verzögerung der Rückflüsse der Investition nach Inbetriebnahme.

So kann simuliert werden, wie sich die Vorteilhaftigkeit des Projekts verändert, wenn sich die Lebensdauer um ein bis wenige Jahre verkürzt oder sich die Inbetriebnahme der Anlage verzögert. Dieser letzte Fall tritt in der Praxis vermutlich am häufigsten auf, weil das Management die Rückflüsse in der Anfangsphase (zum Beispiel die Inbetriebnahme einer Produktionsanlage) regelmäßig zu optimistisch einschätzt, um die Genehmigung des Projekts nicht zu gefährden (sogenannter *«Hockey-Stick-Effekt»*).

4.3 Wie trifft man Dispositionsentscheidungen?

Die Vielzahl unternehmerischer Entscheidungen wie Investieren, Desinvestieren, Zukauf oder Eigenfertigung etc. unterscheiden sich grundsätzlich darin, ob das eingesetzte (investierte) Kapital – d.h. das Vermögen – bei einer Maßnahme *verändert* wird oder ob es *konstant* bleibt.

Wird das Kapital verändert – zum Beispiel bei Investitionen oder Akquisitionen –, muss zur Entscheidungsfindung zunächst die Vorteilhaftigkeit der Kapitalveränderung (Rendite des investierten Kapitals) gerechnet werden. Bleibt das eingesetzte Kapital unverändert, reduziert sich die Methodik der Entscheidungsfindung auf eine *Dispositionsrechnung*. Eine Dispositionsrechnung ist eine einfache Gegenüberstellung der durch die Entscheidung hervorgerufenen Veränderungen der liquiditätswirksamen Fixkosten und Deckungsbeiträge. Insofern könnte man auch von einer *entscheidungsbezogenen Deckungsbeitragsrechnung* sprechen. Die rentabelste Entscheidung ist gleichzeitig die mit dem günstigsten Ergebnis- oder Gewinnbeitrag.

Es interessieren allein die Veränderungen der *liquiditätswirksamen Fixkosten* und die Veränderungen der *Deckungsbeiträge* (vgl. Abbildung 14 sowie für weitere Ausführungen das Stichwort ▷ Dispositionsrechnung).

Abb. 14: Rechengrößen einer Dispositionsrechnung

- Δ Deckungsbeiträge
- Δ liquiditätswirksame Fixkosten
- → keine Abschreibungen
- → keine zugeordneten Fixkosten

Merke: Bei Dispositionsentscheiden sind ausschließlich die durch die Entscheidung direkt induzierten liquiditätswirksamen Veränderungen der fixen Kosten sowie der Deckungsbeiträge relevant. Nicht liquiditätswirksame Kosten wie zum Beispiel Abschreibungen oder zugeordnete Fixkosten einer Vollkostenrechnung dürfen hingegen nicht berücksichtigt werden, da sie (ohnehin) unabhängig von der Entscheidung anfallen.

4.4 Wie erstellt man eine Planergebnisrechnung?

Zahlenmäßige Transparenz über das operative Geschäft ist die notwendige Voraussetzung für eine systematische Entscheidungsvorbereitung und damit die Planung der zukünftigen Aktionen des Unternehmens. Das Controlling hat deshalb auch die Aufgabe, bei der Umsetzung der erarbeiteten Ziele und Pläne Hilfe zu leisten, für die Feinsteuerung zu sorgen sowie Fehlentwicklungen rechtzeitig aufzuzeigen.

Diesem Zweck dienen die Ermittlung wichtiger Kennzahlen – wie Umsatzrendite und Kapitalumschlag sowie der daraus abgeleiteten Steuerungsgrößen (vgl. Kapitel 3) – und ihre Gegenüberstellung mit einer vergleichbaren Größe. Letzteres kann in der Weise erfolgen, dass eine Istgröße mit der entsprechenden Plangröße oder einem zwischenzeitlich oder zwischenbetrieblich gewonnenen *Benchmark* verglichen wird (▷ Benchmarking). Die Planung der Ergebnisziele sowie der dazu passenden Maßnahmen, deren Umsetzung (Realisierung), die Kontrolle und Interpretation der Soll-Ist-Abweichungen mit dem Ziel der Anpassung der eingeleiteten Maßnahmen ergeben zusammen den klassischen Regelkreis aus Planung und Kontrolle.

Ob die «geplante Realität» dann tatsächlich so eintritt, steht auf einem anderen Blatt. Der Ausgang unternehmerischer Aktivitäten ist nämlich in der Regel mit mehr oder weniger hoher Unsicherheit verbunden. Zielorientiertes Controlling heißt daher immer auch *Risikocontrolling,* das in den bereits vorhandenen unternehmerischen *Planungs- und Steuerungsprozess* eingebettet sein sollte.

Dies bedeutet zum Beispiel, dass in der operativen Planung neben den im Controlling-Cockpit dargestellten originären Größen die damit einhergehenden wichtigsten Risiken (einschließlich der Chancen) erfasst und berücksichtigt werden. *Sensitivitäts- und Szenarioanalysen* sind dabei wesentliche Hilfsmittel (für weitere Ausführungen siehe ▷ Planergebnisrechnung).

4.5 Wie erkennt man Krisen und Schieflagen?

Gerade bei Banken sind Konzepte zur Früherkennung von Krisen und Schieflagen der von ihnen betreuten Unternehmen entwickelt worden. Dabei treten die traditionellen quantitativen Instrumente auf Basis der Jahresabschlusswerte hinter qualitative Indikatoren der Krisenfrüherkennung zurück.

Die Krise beginnt bereits bei führungsbezogenen Symptomen wie

- Führungs- und Entscheidungsschwäche
- Informationsscheu
- unklare Nachfolgen

und setzt sich in unternehmensbezogenen Symptomen fort mit

- unklaren Kompetenzen
- ineffizienten oder fehlenden Controllingsystemen
- unübersichtlichen Beteiligungsstrukturen.

Gleichzeitig häufen sich im operativen Geschäft Symptome wie

- komplexe und unstetige Produktpolitik
- falsche Schnittstellen zwischen Profit-Centern
- schlechte Kundenstruktur
- schlechter Lieferservice
- geringe Kundenorientierung
- hoher Ausschuss
- häufige Reklamationen.

Unter diesen Bedingungen kommt es fast zwangsläufig zu Maßnahmen wie

- schlechte Zahlungsmoral
- manipulative Bilanzierung
- Verletzungen goldener Finanzierungsregeln.

Die Erkenntnisse über derartige Performance-Symptome bestätigen jedoch in der Regel nur die Schwachstellen, die ein zielorientiertes Controlling mit entsprechendem «Werkzeugkasten» aus den Geschäftsdaten und Planungssystemen bereits gewonnen haben sollte (Abschnitt 4.4). So wird auch in einer Befragung deutscher Insolvenzverwalter «fehlendes Controlling» als wichtigste Insolvenzursache überhaupt genannt (vgl. EH/ZIS, 2006).

4.6 Wie vermeidet man Zahlungsunfähigkeit?

Illiquidität bedeutet das Ende eines Unternehmens. Insofern ist der Sicherung des finanziellen Gleichgewichts höchste Priorität einzuräumen. Vorrangiges Instrument hierzu ist der *Finanzplan,* der die in Zukunft zu erwartenden Ein- und Auszahlungen systematisch und periodenweise zusammenstellt und gegeneinander aufrechnet. Ein Auszahlungsüberschuss für bevorstehende Teilperioden erfordert Maßnahmen- oder Planänderungen. So kann ein kurzfristiger Finanzierungsbedarf zum Beispiel durch einen vorübergehenden Bankkredit gedeckt werden. Für das Controlling ist es dabei besonders wichtig, die Grenzen der Finanzierung im Auge zu behalten und auf mögliche Liquiditätsengpässe frühzeitig hinzuweisen. Ein *Einzahlungsüberschuss* ermöglicht Kapitalrückzahlungen an die Kapitalgeber oder eine vorübergehende Anlage *(Cash Management).*

Die finanzielle Führung, unterstützt durch das Controlling, muss die Zahlungsfähigkeit des Unternehmens in jedem Zeitpunkt gewährleisten. Dies setzt grundsätzlich einen täglichen Liquiditätsstatus und eine tagesgenaue Liquiditätsvorausschau für einen Prognosezeitraum von mindestens einer Woche bis zu circa einem Monat voraus *(situative Liquiditätssicherung).* Wird der Prognosezeitraum länger, ist eine tagesgenaue Planung nicht mehr aufrechtzuerhalten. Beim *Finanzplan im engeren Sinn* beträgt der Prognosezeitraum zum Beispiel ein Jahr, die Planungseinheit ist aber nur noch die Woche oder der Monat. Da hierbei Zusammenfassungen nach Zahlungsarten und Perioden (Tage oder Wochen) erfolgen, kann es zu Ungleichgewichten zwischen Zahlungskraft und Zahlungsverpflichtungen innerhalb der Perioden kommen, sodass die tägliche Zahlungsfähigkeit durch derartige längerfristige Finanzpläne nicht mehr garantiert ist. Ihre Aufgabe ist deshalb eher die Gegenüberstellung des zukünftigen Kapitalbedarfs sowie der Kapitalbindung.

Die Erhaltung der längerfristigen Zahlungsbereitschaft kann auch durch die Ermittlung und Analyse geeigneter Kennzahlen unterstützt werden. In der Praxis sind neben dem dynamischen Verschuldungsgrad vor allem die drei Liquiditätsgrade *Cash Ratio, Quick Ratio und Current Ratio* gebräuchlich. Als alleiniges Instrument sind diese Kennzahlen jedoch keinesfalls ausreichend.

Zur Unterstützung von Liquiditätsuntersuchungen sind weiterhin *Mittel- oder Geldflussrechnungen* geeignet. Diese stellen übersichtlich die Ursachen für die Herkunft und die Verwendung der in einem ausgewählten Fonds eingeschlossenen Mittel für eine bestimmte Periode dar. Unter dem Aspekt des Liquiditätscontrollings eignen sich als Mittelgesamtheiten (= Fonds) besonders das Geld (die sofort verfügbaren Mittel), das Netto-Geld (die sofort verfügbaren Mittel abzüglich der Kontokorrentschulden bei Banken), das monetäre Umlaufvermögen sowie das Umlaufvermögen (eventuell auch nach Abzug der kurzfristigen Verbindlichkeiten).

Insbesondere in großen Konzernen, in zunehmendem Maße aber auch in mittelständischen Unternehmen hat sich in den letzten Jahren das sogenannte Cash Pooling durchgesetzt. Dabei werden die Kontenstände verschiedener Zahlungsverkehrskonten eines Unternehmens effektiv (physisches Cash Pooling) oder fiktiv (notional cash pooling) zusammengefasst (zu Einzelheiten vgl. Billek, 2009). In steuerrechtlicher Hinsicht ist darauf zu achten, dass die Liquiditätstransfers zu Konditionen wie gegenüber fremden Dritten erfolgen. Vorteile ergeben sich insbesondere auf Gesamtkonzernebene aus einer Reduktion an kurzfristig benötigtem Fremdkapital und damit einhergehenden Zinsvorteilen. Die Risiken liegen vor allem bei den einzelnen am Cash Pool teilnehmenden Gesellschaften, die ihre finanzielle Unabhängigkeit aufgeben. Insbesondere in Krisensituationen kann die finanzielle Schieflage einer Schwestergesellschaft sich auf weitere am Cash Pool teilnehmende Gesellschaften ausweiten.

4.7 Wie schätzt man Ergebnisse (Forecast)?

Das Controlling eines jeden Unternehmens sollte weiterhin zwei monatlich wiederkehrende Fragen beantworten können:

1. Wie waren Umsatz und Ergebnis im abgelaufenen Monat?
2. Wie hoch werden Umsatz und Ergebnis für das laufende Geschäftsjahr sein?

Die erste Frage betrifft den *Monatsbericht*, die zweite – zumeist zeitgleich gestellte – Frage betrifft die rollierende *Jahreshochschätzung*. Mit der Nutzung des Instrumentariums der Break-even-Analyse sind diese beiden Routineaufgaben des Controllings relativ einfach und plausibel zu lösen.

Merke: Um das Ergebnis einer Periode abschätzen zu können, benötigt man den Umsatz – fakturiert oder geschätzt –, den aktuellen, d.h. für die Periode plausiblen Break-even sowie die Deckungsbeitragsstärke (DB-Rate). Basis für den in der Schätzung zugrunde gelegten Break-even ist stets die letzte abgerechnete Periode (Monat, Quartal), korrigiert um absehbare Veränderungen der Fixkosten und der DB-Rate.

Das Ergebnis zum Beispiel des abgelaufenen Monats ist demnach die Differenz aus Ist-Umsatz des Monats und Break-even-Umsatz, multipliziert mit der aktuellen DB-Rate:

Monatsergebnis = (Ist-Umsatz − Break-even-Umsatz) × DB-Rate

Ein Beispiel:

- Umsatz geschätzt   26.500.000 EUR
- Break-even-Umsatz aktualisiert 22.400.000 EUR
- DB-Rate aktualisiert   58% vom Umsatz

ergibt:

- Δ Umsatz   4.100.000 EUR
- Ergebnis   2.378.000 EUR
              (= 4.100.000 EUR · 0,58)

Das Controlling wird bei dieser Datenlage der Geschäftsleitung vermutlich einen Wert zwischen 2,2 und 2,4 Mio. EUR melden. Die Plausibilität der Monatsschätzung ist relativ hoch.

Zwei Wochen später liegen die exakten Daten vor (zum Beispiel):

- Umsatz fakturiert   26.185.000 EUR
- Break-even-Umsatz   22.516.000 EUR
- DB-Rate   57,9%

ergibt:

- Ergebnis gebucht: 2.124.000 EUR

Bei einer Ergebnisschätzung von 2,2 Mio. EUR hat sich das Controlling um 76.000 EUR (also um −3,5%) verschätzt, was als unterhalb einer kritischen Fehlergrenze einzuordnen ist.

Schwieriger ist eine monatlich rollierende Jahreshochschätzung, doch das Instrumentarium bleibt dasselbe. Bewährt haben sich monatliche Schätzungen für Umsatz, Fixkosten und DB-Rate; die Monatsergebnisse und das Jahresergebnis sind dann ein reiner Rechenvorgang (▷ «Jahreshochschätzung [Forecast]»).

Abb. 15: Hochschätzung auf Basis rollierender Jahreszahlen

in Mio. EUR

Monat	Umsatz	Break-even	DB-Rate	Ergebnis	Trend
Jan–Dez (Abschluss)	276	255	0,52	10,92	
Feb–Jan	274	256	0,52	9,36	fallend
März–Feb	273	257	0,52	8,32	fallend
April–März	272	258	0,52	7,28	fallend
Mai–April	269	258	0,51	5,61	fallend
Juni–Mai	265	258	0,51	3,57	fallend
Juli–Juni	264	259	0,51	2,55	fallend
Aug–Juli	262	260	0,52	1,04	fallend
Sept–Aug	264	261	0,52	1,56	steigend
Okt–Sept	267	260	0,52	3,64	steigend
Nov–Okt	268	261	0,51	3,57	steigend
Dez–Nov	272	260	0,51	6,12	steigend
Jan–Dez	274	259	0,51	7,65	steigend

Legende: Monat nicht fett betrifft Vorjahr; Monat fett betrifft laufendes Geschäftsjahr.

Die Nutzung der Break-even-Analyse kann in Kombination mit rollierenden Jahresdaten zu noch weiter verfeinerten Trend- und Prognosemodellen ausgebaut werden (▷ «Rollierende Daten und Quartalsberichte»). Die Basis einer Prognose ist nicht mehr ausschließlich der Monatswert, sondern ein rollierender Jahreswert. In jedem Berichtsmonat wird ein Gesamtjahr (Jahrestotal) aus den jeweils letzten zwölf Monaten generiert. Damit entfernt man sich noch mehr aus den «Niederungen» der kurzfristigen Betrachtung.

Das Beispiel in Abbildung 15 zeigt einen Rückblick auf das abgelaufene Geschäftsjahr. Der Jahresumsatz (in jedem Monat) ergibt mit dem Jahres-Break-even (gemessen über die jeweils letzten zwölf Monate) und der korrespondierenden DB-Rate ein Jahresergebnis.

Der offizielle Jahresabschluss des Vorjahres weist einen Umsatz von 276 Mio. EUR bei einem Ergebnis von 10,92 Mio. EUR aus. Die folgenden rollierenden Jahreswerte des laufenden Geschäftsjahres führen zunächst zu einem fallenden Trend für das Betriebsergebnis. Die Gründe sind evident: Der Jahresumsatz fällt bis Juli kontinuierlich auf 262 Mio. EUR. Gleichzeitig steigt der Break-even auf über 260 Mio. EUR. Würde sich der Trend im zweiten Halbjahr fortsetzen, wäre Mitte des Jahres mit einem negativen

Jahresergebnis (Jan–Dez) zu rechnen. Ab August steigen aber die Jahresumsätze signifikant, bei Stabilisierung des Break-even bei 260 Mio. EUR. Nimmt man an, dass sich der Trend fortsetzt, ist es plausibel, bereits ab September oder Oktober ein Jahresergebnis in der Größenordnung von 4 bis 8 Mio. EUR zu schätzen.

4.8 Wie kalkuliert man Preise im Rahmen der Auftragsfertigung?

Die Kernfrage beim Abschluss eines Geschäfts oder bei der Annahme eines Auftrags ist zweifelsohne der Preis. Geschäfte macht man nicht «um jeden Preis», sondern zu Konditionen, die sowohl eine Deckung der Kosten als auch eine angemessene Verzinsung (Rendite) des eingesetzten Kapitals sicherstellen.

Die Kostenrechnung hat hierbei die wichtige Funktion, Kosteninformationen so aufzubereiten, dass daraus vernünftige Preis- und Programmentscheidungen – Sortimentstiefe, Maschinenbelegung etc. – getroffen werden können. Eine *saubere Produktkostenanalyse* legt die Basis für eine optimale Zuteilung und Verwendung der knappen Ressource Kapital – d.h. konkret Anlage- und Umlaufvermögen – sowohl kurz- wie langfristig.

Der *Spielraum für Preisentscheidungen* ist produkt- und branchenspezifisch sehr unterschiedlich. Die kundenspezifische Auftragsfertigung hat eine größere Bandbreite der Gestaltung als das Standardprodukt (Commodity) mit gewöhnlich eng vorgegebenen Marktpreisen.

Aus Sicht des *Käufers* muss der Preis (kosten-)günstig sein, also in die eigene Kostenkalkulation «passen». Aus Sicht des *Anbieters* muss es sich lohnen, das Produkt oder die Leistung überhaupt anzubieten. Die Preisuntergrenze eines Produkts ist somit der kritische Preis, zu dem ein Unternehmen gerade noch bereit ist, dieses Produkt anzubieten.

Die tatsächliche Höhe eines Preises oder die ▷ Preisuntergrenze als kritische Größe ist relevant bei Entscheidungen zum Beispiel über:

- Annahme oder Ablehnung eines Auftrags
- Streichung eines Produkts aus dem Verkaufs- und Produktionsprogramm
- Veränderung der Zusammensetzung eines Sortiments.

Bei all diesen Fragen ist entscheidend, ob ein Auftrag im Rahmen vorhandener, vorgegebener Kapazitäten – also *ohne* Veränderung des Betriebsvermögens – zustande kommt oder ob durch einen Auftrag zusätzliche Kapazitäten bereitgestellt werden müssen, also vorher investiert wird. Im ersten Fall greifen die klassischen Instrumente der *Dispositionsrechnung* (siehe Abschnitt 4.3 «Wie trifft man Dispositionsentscheidungen?»), im zweiten Fall muss eine *Investitionsrechnung* vorgeschaltet werden (siehe Abschnitt 4.2 «Wie trifft man Investitionsentscheidungen?»).

Im Folgenden wird stellvertretend der Fall der *klassischen Angebotspreiskalkulation* im Rahmen der *Auftragsfertigung* bei gegebenen, unausgelasteten Kapazitäten behandelt. Diese Art der Kalkulation wird häufig in Form einer *Standard-Planrechnung* vorgenommen.

> **Merke:** Im Fall der Auftragsfertigung wird der (Mindest-)Verkaufspreis eines Produkts errechnet, der – wenn er tatsächlich erzielt wird – bei unterstellter repräsentativer Normalbeschäftigung (zum Beispiel 70 bis 80 % der technischen oder personellen Kapazität) und Standardkosten zur Ziel-Rendite führt.

Vorgaben für die Fixkosten sind die *Standard-Kostenstrukturen* (Targets) sowie die *Ziel-Rendite* (Umsatzrendite) der Produktlinie. Die Fragestellung einer Preiskalkulation lautet stets: Wie hoch muss der Angebotspreis (Planpreis) für das zu kalkulierende Produkt sein, sodass bei Ansatz der variablen Stückkosten des Produkts und

Abb. 16: Planergebnisrechnung mit Ziel-Fixkostenstruktur (Beispiel)

in 1.000 EUR Perioden	1	2	3	4	Plan 5
Menge in Tonnen	1.749	1.793	1.535	1.618	1.800
Verkaufspreis EUR/kg	14,41	14,20	14,09	13,52	15,00
Nettoumsatz (NU)	25.203	25.461	21.628	21.875	27.000
Bruttobetriebsergebnis (BBE)	4.438	2.871	1.822	2.848	7.010
Umsatzrendite (BBE in % vom NU)	*17,6*	*11,3*	*8,4*	*13,0*	*26,0*

Fixkostenstruktur	in 1.000 EUR		in % vom NU		Schwachstellen
	Periode 4	Plan 5	Periode 4	Plan 5	☐ Menge
■ Versandkosten	509	540	2,3	2,0	☐ Fixkosten
■ Vertriebskosten	2.852	3.250	13,0	12,0	☐ Preis
■ Fertigungskosten	5.861	5.400	26,8	20,0	☐ Variable Kosten
Summe	9.222	9.190	42,2	34,0	☐ Kapitalbindung

der Überwälzung der Standard-Fixkosten der Produktlinie gerade die Ziel-Rendite erreicht wird?

Für die Bemessung der vom potenziellen Auftrag zu tragenden Fixkosten wird die Zielstruktur aus der betroffenen Produktlinie (Beispiel) entnommen (Abbildung 16). Sie entspricht der Planergebnisrechnung bei normaler Auslastung, hier 1800 Tonnen (Plan 5). Der Auftrag soll mit 34% vom Umsatz (2% + 12% + 20%) zur Deckung der Fixkosten beitragen, die Ziel-Umsatzrendite ist mit 26% vorgegeben.

Die einzigen «harten» Informationen sind die *variablen Stückkosten* eines Produkts oder einer zu kalkulierenden Leistung. Das sind im Wesentlichen die Kosten der Rezeptur oder der Stückliste (Rohstoffkosten) sowie alle übrigen variablen, also mengenproportionalen Kosten wie Frachten, Packmittel, Provisionen und beschäftigungsabhängige Energiekosten. Mit diesen für das zu kalkulierende Produkt ermittelten variablen Stückkosten (in EUR/kg) kann direkt der Plan-Angebotspreis errechnet werden (Abbildung 17).

Das Beispiel in Abbildung 18 soll die Zusammenhänge verdeutlichen.

Abb. 17: Rechengrößen einer klassischen Angebotspreiskalkulation

Marke/Produkt/Bezeichnung:	Produkt		
	EUR/kg	in % vom AVP	Quelle der Daten
Variable Kosten	Ist		
■ Rohstoffe	Ist		Rezeptur (Richtkalkulation)
■ Frachten	Ist		Speditionsvertrag
■ Packmittel	Ist		Packmittelliste
■ Energiekosten	Ist		Richtkalkulation
■ Provisionen	Ist		Sonderkalkulation
Ziel-Deckungsbeitrag		Soll	
Ziel-Fixkosten		Soll	
■ Versand		Soll	Planergebnisrechnung*
■ Vertrieb		Soll	Planergebnisrechnung*
■ Fertigung		Soll	Planergebnisrechnung*
Ziel-Rendite (gesetzt)		Soll	
Ziel-Angebotsverkaufspreis (AVP)	?	100,00	

* bei repräsentativ normaler Auslastung

Die variablen Kosten eines Produkts (einer Leistung) sind stets exakt bekannt (in Abbildung 17 deshalb auch als Ist-Daten bezeichnet), entweder als Lagerbuchwerte (Rohstoffe) oder als Standard-Preise (Energiekosten, Frachten, Packmittel, Provisionen), die als separate Dateien für Planungen geführt und mit repräsentativen Werten fortgeschrieben werden.

In einer Angebotspreiskalkulation soll weiterhin der Auftrag zur Deckung der Fixkosten (gemäß geplanter Fixkostenrate) beitragen, sodass der realisierte Verkaufspreis – unter der Prämisse der Normalauslastung, also einer repräsentativen Fixkostenrate – zur Ziel-Rendite führt.

Da die Ziel-Rendite (Umsatzrendite) für die Produktlinie 26% beträgt, soll das zu kalkulierende Produkt dieselbe Umsatzrendite erzielen. Bei einer vorgegebenen Fixkostenrate von 34% muss die DB-Rate 60% betragen. Das wiederum bedeutet, dass die variablen Kosten nicht höher als 40% sein dürfen. Das ist – in dem gegebenen Beispiel – dann der Fall, wenn das Produkt mit variablen Kosten von 12 EUR/kg zu einem Preis von 30 EUR/kg verkauft werden würde (12 EUR/kg : 0,4 = 30 EUR/kg).

Abb. 18: Beispiel einer klassischen Angebotspreiskalkulation

Marke/Produkt/Bezeichnung:	Produkt		
	EUR/kg	in % vom AVP	Quelle der Daten
Variable Kosten	12,00	40,00	12,00 ≙ 40% bei DB = 60%
▪ Rohstoffe	9,85		Rezeptur (Richtkalkulation)
▪ Frachten	0,30		Speditionsvertrag
▪ Packmittel	0,25		Packmittelliste
▪ Energiekosten	1,10		Richtkalkulation
▪ Provisionen	0,50		Sonderkalkulation
Ziel-Deckungsbeitrag		60,00	
Ziel-Fixkosten		34,00	
▪ Versand		2,00	Planergebnisrechnung*
▪ Vertrieb		12,00	Planergebnisrechnung*
▪ Fertigung		20,00	Planergebnisrechnung*
Ziel-Rendite (gesetzt)		26,00	
Ziel-Angebotsverkaufspreis (AVP)	30,00	100,00	

* bei repräsentativ normaler Auslastung

4.9 Wie setzt man Verrechnungspreise in verbundenen Unternehmen?

Verrechnungspreise, d.h. Wertansätze für innerbetrieblich transferierte Lieferungen und Leistungen zwischen Verantwortungsbereichen innerhalb eines Unternehmens, können in vielfältiger Weise Einfluss auf den Unternehmenserfolg nehmen. Dabei ist zu unterscheiden, ob es sich bei den am internen Transfer beteiligten Verantwortungsbereichen um reine Profit-Center innerhalb einer Gesellschaft oder um rechtlich selbständige Unternehmen eines verbundenen Konzerns handelt, die in unterschiedlichen Ländern ansässig sind. In beiden Fällen kann der gruppeninterne Preis als Einstandspreis des beziehenden Bereichs sowie als Absatzpreis des liefernden Bereichs direkt die Produktions- und Absatzentscheidungen der beteiligten Bereiche und deren Erfolgsausweis beeinflussen. In letzterem Fall tangiert der Einsatz von Verrechnungspreisen zusätzlich unternehmensexterne Interessen – namentlich der beteiligten Landes-Fisci und Zollbehörden. Weltweit existieren daher gesetzliche Regelungen zur Gestaltung und Dokumentation von Verrechnungspreisen, die bei Verletzung Sanktionen und die Gefahr der Doppelbesteuerung nach sich ziehen.

Um das Wohl des Gesamtunternehmens in den Mittelpunkt zu stellen, müssen folgende *Grundsätze eines Verbunds* unbedingt befolgt werden:

- Ergebnis- und renditeverantwortlich in einer Unternehmensgruppe sind die Profit-Center, in der Regel Unternehmensbereiche oder Geschäftseinheiten.
- Das Gruppeninteresse hat gegenüber den Interessen der Profit-Center stets Vorrang.

Das zweite Prinzip muss «messerscharf» formuliert sein, will man den systemimmanenten Eigeninteressen der Profit-Center einen wirksamen Riegel vorschieben. Bereichsegoismen können ein Unternehmen – je nach Größenordnung – Ergebnisse in Millionenhöhe kosten, eben in Höhe der Deckungsbeiträge, die man an Dritte verschenkt (bei Zukauf statt Eigenbezug) oder erst gar nicht realisiert, weil man auf ein angeblich unrentables Geschäft im Verbund verzichtet.

In internationalen Großunternehmen existieren daher Verrechnungspreisrichtlinien, die das gruppeninterne Geschäft regeln. Durch die Richtlinien soll erreicht werden, dass das Gruppeninteresse so weit wie möglich Vorrang vor den – egoistischen – Interessen der ergebnis- und renditeverantwortlichen Einheiten wie Bereiche, Gesellschaften etc. bekommt.

> **Merke:** Bei länderübergreifendem internem Lieferungs- und Leistungsaustausch hat sich die Verrechnungspreisgestaltung am Fremdvergleichsgrundsatz (*«dealing at arm's length principle»*) als einem international anerkannten Maßstab für die steuerliche Angemessenheitsprüfung zu orientieren (vgl. OECD 2011). Der Grundsatz besagt, dass die jeweiligen Preise wie zwischen *unabhängigen Dritten* gebildet werden müssen.

Hinsichtlich der Methoden der Verrechnungspreisgestaltung ist zwischen Standardmethoden, gewinnorientierten Methoden und sonstigen Methoden zu unterscheiden. Zu den Standardmethoden zählen die Preisvergleichsmethode, die Wiederverkaufspreismethode sowie die Kostenaufschlagsmethode.

Bei der *Preisvergleichsmethode* wird der zwischen verbundenen Unternehmen vereinbarte Preis mit Preisen verglichen, die bei vergleichbaren Geschäften zwischen Fremden am Markt vereinbart wurden. Vergleichbarkeit bedeutet dabei

- wirtschaftlich gleichartige Märkte
- vergleichbare Handelsstufe
- vergleichbare Eigenschaften der Leistung, Mengen, Zusatzleistungen, Lieferzeiträume und der sonstigen Konditionen.

Praxistipps

Auch wenn die Preisvergleichsmethode von der OECD als direkteste und verlässlichste Methode der Verrechnungspreisbestimmung bezeichnet wird, ist sie in der Realität selten einfach in der Anwendung. In der Regel erhält man keine eindeutigen Verrechnungspreise, sondern vielmehr Bandbreiten an zulässigen Preisen. Verwendung sollte die Methode daher insbesondere bei marktgängigen, standardisierten (homogenen) Produkten finden.

Ausgangspunkt für die *Wiederverkaufspreismethode* ist der Marktpreis, zu dem eine von einem verbundenen Unternehmen gekaufte Ware oder Leistung an einen unabhängigen Abnehmer weiterveräußert wird. Retrograd wird aus diesem Marktpreis abzüglich einer marktüblichen Wiederverkaufsspanne (Rohgewinnmarge) für den Wiederverkäufer der Verrechnungspreis ermittelt. Dabei umfasst die

Rohgewinnmarge die Vertriebs- und Verwaltungskosten, sonstige Betriebsausgaben sowie einen angemessenen Gewinnaufschlag, welcher die vom Wiederverkäufer übernommenen Funktionen und Risiken adäquat abdecken und eine Verzinsung des im Vertriebsbereich gebundenen Kapitals gewährleisten soll. Insbesondere die Ermittlung einer angemessenen Gewinnmarge ist nicht eindeutig und stellt eine der wesentlichen Herausforderungen dieser Methode dar.

Praxistipps

Die Wiederverkaufspreismethode ist vor allem dann geeignet, wenn Transaktionen zwischen einer Produktionsgesellschaft und einer Vertriebsgesellschaft zu «bepreisen» sind.

Bei der *Kostenaufschlagsmethode* wird der Verrechnungspreis bestimmt, indem auf die Kosten des leistenden Unternehmensbereichs ein «betriebs- oder branchenüblicher» Gewinnzuschlag erhoben wird. Sie ist insbesondere dann zweckmäßig, wenn eine Verbindung zum Markt nur schwer hergestellt werden kann. Wie die beiden anderen Methoden unterliegt auch die Kostenaufschlagsmethode dem Fremdvergleichsgrundsatz, was sowohl die Kostenbasis als auch die Höhe des Gewinnaufschlags betrifft. Da es sich häufig um längerfristige Beziehungen handelt, ist anzunehmen, dass angemessene Verrechnungspreise die *vollen* Kosten zuzüglich einer durchschnittlichen Gewinnmarge beinhalten. Letztere sollte eine angemessene Verzinsung des im leistenden Unternehmensbereich gebundenen Kapitals sicherstellen.

Praxistipps

Die Kostenaufschlagsmethode eignet sich insbesondere, wenn Halbfertigerzeugnisse zwischen verbundenen Unternehmen verkauft werden, eine Gruppengesellschaft ein Produkt für die Bedürfnisse einer anderen Gruppengesellschaft fertigt, Vereinbarungen über gemeinsame Geschäftseinrichtungen oder langfristige Abnahmevereinbarungen getroffen werden sowie bei der Erbringung von Dienstleistungen.

Bei den (transaktionsbezogenen) gewinnorientierten Methoden wird nicht der Verrechnungspreis selbst, sondern der aus dem Verrechnungspreis resultierende Gewinn einer Transaktion untersucht. Die Überprüfung des Fremdvergleichsgrundsatzes erfolgt bei der *trans-*

aktionsbezogenen Nettomargenmethode mittels Vergleich der Nettomarge einer Transaktion (Nettogewinn in Bezug zu einer geeigneten Grundlage) und bei der *Profit-Split-Methode* anhand einer Aufteilung des Nettogewinns nach objektivierbaren Kriterien auf die beteiligten Unternehmen. Während die Anwendung der transaktionsbezogenen Nettomargenmethode lediglich empfohlen wird, wenn das verbundene Unternehmen, dessen Nettomarge dem Vergleich zugrunde gelegt wird, Routinefunktionen ausübt, eignet sich die Profit-Split-Methode, wenn ein einzigartiges immaterielles Wirtschaftsgut involviert ist oder wenn zwischen den verbundenen Unternehmen enge wechselseitige Beziehungen vorliegen.

Sonstige Methoden der Verrechnungspreisgestaltung umfassen *Advance Pricing Agreements* (steuerliche Vorabverständigung über Verrechnungspreise zwischen international verbundenen Unternehmen) sowie Kostenumlageverfahren. Neben den Methoden selbst gibt es weitere Parameter, die die Verrechnung und Abwicklung innerbetrieblicher Lieferungs- und Leistungstransfers bestimmen. Dazu zählen beispielsweise die Regelung der Transaktionsfreiheit, d.h. die Frage, ob den Unternehmensbereichen für den Austausch innerbetrieblich erstellter Leistungen der Zugang zum externen Markt offensteht, und die Frage, ob für dieselbe interne Lieferung oder Leistung verschiedene Verrechnungspreise zur Erfüllung verschiedener Funktionen eingesetzt werden (Ein- oder Mehrkreissystem). Auch administrative Parameter, wie die Regelung der Zuständigkeiten, der Festlegungszeitraum sowie die informationstechnische Abbildung, spielen bei der praktischen Umsetzung von Verrechnungspreisen eine große Rolle (siehe auch Teil 3, Fallbeispiel zur «*Verrechnungspreisgestaltung im internationalen Produktionsverbund*»).

Controlling von A bis Z

ABC-Analyse

Grundproblem ──── Bei Geschäften, die durch viele Einzelprodukte, Kunden, Verkaufsfälle etc. gekennzeichnet sind, wird die dadurch entstehende *Komplexität* ein grundsätzliches Risiko für die Wirtschaftlichkeit eines Geschäfts. Diese Komplexität ergibt sich aus dem hohen Aufwand

- in der Produktion (zahlreiche Produkte- und Sortenwechsel)
- in Vertrieb und Marketing (zahlreiche Kunden, hoher Anteil an Auftragsfertigung)
- in der Logistik (hohe Vorratsbestände) etc.

Mit steigender Komplexität sinkt die Kapazität der Produktion und steigen die Fixkosten zur Abwicklung des Geschäfts. Um das zu vermeiden, muss versucht werden, die Zahl der Produkte und Kunden möglichst klein zu halten, ohne durch Streichungen nennenswerte Deckungsbeiträge zu verlieren.

Merke: Die Beherrschung des Komplexitätsproblems gelingt nur mit konsequenter Konzentration auf das Wesentliche. Das bedeutet unter anderem das permanente Aussortieren unwesentlicher Produkte und Kunden mit dem Instrumentarium der ABC-Analyse.

Lösung ──── Die Produkte und Kunden werden nach dem Kriterium der Wesentlichkeit in die Kategorien A, B und C eingeteilt:

- *Kategorie A:* große Bedeutung, hoher Wert
- *Kategorie B:* mittlere Bedeutung, mittlerer Wert
- *Kategorie C:* kleine Bedeutung, geringer Wert.

In der produkt- oder kundenspezifischen Definition von «bedeutend» und «wertvoll» scheiden sich die Geister, wie ein «bedeutendes» Produkt definiert ist und was die Kriterien für einen «wertvollen» Kunden sind. Es kommt hinzu, dass diese Frage nicht nur für die Ist-Situation, sondern auch für die Zukunft zu beantworten ist. Das Potenzial eines Produkts oder eines Kunden darf also nicht außer Acht gelassen werden.

Die *Sortimentsanalyse* hat aber nicht das alleinige Ziel, unbedeutende und unwesentliche Einzelprodukte zu erkennen und auszumustern. Vielmehr geht es auch darum, mit möglichst geringem Aufwand Ansatzpunkte für Verbesserungen zu identifizieren.

Produktspezifische Kriterien, die eine eindeutige Zuordnung zu den Kategorien A, B und C zulassen, sind bei *mengengetriebenen Geschäften* vor allem:

- Menge (zum Beispiel kg)
- Deckungsbeitrag absolut (DB)
- Deckungsbeitragsrate (DB in Prozent vom Umsatz).

Ungeeignetes Produktkriterium ist in jedem Fall – unabhängig vom Geschäftstyp – das operative Ergebnis, was in der Praxis nicht immer beachtet wird. Hinter dem Ergebnis steht die (betriebswirtschaftliche) Zielfunktion einer Dispositionsrechnung, die Summe der Deckungsbeiträge zu maximieren. Ausgangspunkt der ABC-Analyse ist eine Bewertung jedes Verkaufsprodukts nach seiner spezifischen Kategorie (A, B oder C) in den genannten Kriterien, dargestellt in der Pareto-Kurve.

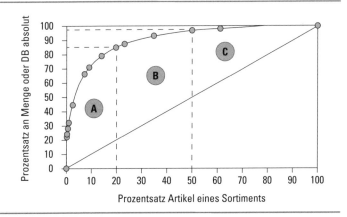

Bereits wenige große Einzelprodukte (A-Produkte) tragen den Hauptteil der Menge und des Deckungsbeitrags des gesamten Sortiments, viele kleinere Produkte (B- und C-Produkte) tragen nur wenig dazu bei. Eine Sortimentsanalyse hat gleichzeitig folgende Ziele:

- Festlegung eines Kernsortiments (zum Beispiel 80% aller Deckungsbeiträge)
- *Identifizierung* der deckungsbeitragsschwachen Produkte (zum Beispiel DB-Rate kleiner als x%).

Produkte der Kategorie C sollten aber nur gestrichen werden, wenn die Summe der dann wegfallenden Deckungsbeiträge kleiner ist als die Höhe der einzusparenden Fixkosten (siehe Abschnitt 4.3).

Amortisationszeit

Problem ——— Investitionen mit einem hohen Kapitalwert (▷ «Kapitalwertmethode [Net Present Value]») oder äquivalent mit einer Durchschnittsverzinsung über der Ziel-Rendite (▷ «Reale Zinsfußmethode») können dennoch unattraktiv sein, wenn die Zahlungsströme (Rückflüsse) relativ spät einsetzen und das investierte Kapital eine lange Amortisationszeit aufweist.

Für jedes Investitionsprojekt ist deshalb die Rückflussgeschwindigkeit der Cashflows – man spricht von *Kurzläufern* oder *Langläufern* – eine entscheidende Kenngröße.

Merke: Investitionen in Technologien mit hohem Innovationspotenzial müssen sich, wenn irgend möglich, kurzfristig amortisieren. Wenn man nicht sicher ist, ob die Rahmenbedingungen einer Investition nicht schon nach wenigen Jahren überholt sein könnten, ist das Risiko einer Fehlinvestition nur mit einem Kurzläufer wirksam zu vermindern.

Ähnliche Rahmenbedingungen liegen vor, wenn das Zeitfenster für Investitionen zum Beispiel durch standortspezifische Auflagen oder Vorgaben begrenzt ist. So kann beispielsweise eine Erweiterungsinvestition durchaus noch sinnvoll sein, wenn die Investitionsausgabe bereits nach zwei Jahren wieder eingespielt ist, auch wenn der Standort kurz danach geschlossen oder in seiner Nutzung so geändert wird, dass die erweiterte Anlage bereits wieder abgerissen werden muss.

Beispiel ——— Ausgehend von der Anfangsauszahlung im Betrachtungszeitpunkt (Jahr 0) werden sukzessive die Barwerte der Rückflüsse der einzelnen Jahre aufaddiert.

Jahr	Anfangsauszahlung (Periode 0) und Rückflüsse	Barwert*	Kumulierte Barwerte
0	−700	−700	−700
1	+100	+91	−609
2	+300	+248	−361
3	+500	+376	+15
4	+700	+478	+493
Kapitalwert (NPV)			**+493**
Wiedereinbringungszeit (Pay-back-Dauer)			**3 Jahre**

* Kalkulationszinssatz (Hurdle Rate) = 10 %; Betrachtungs- bzw. Bewertungszeitpunkt ist das Jahr 0.

Das Jahr, bei dem die Summe der Barwerte die Höhe der Investitionsauszahlung gerade erreicht, gibt die Amortisationszeit an. Im vorliegenden Fall braucht man 3 Jahre, um die Anfangsauszahlung (700 GE) durch die diskontierten Rückflüsse hereinzuholen.

Im Beispiel wurde die Amortisationszeit dynamisch ermittelt, d.h. die Investitionsauszahlung wurde den diskontierten zukünftigen Einzahlungen oder Rückflüssen gegenübergestellt. Durch die Dynamisierung der Rückflüsse ist offensichtlich, dass eine Einzahlung im zweiten oder dritten Betriebsjahr mehr ins Gewicht fällt als eine Einzahlung zum Beispiel im achten oder neunten Betriebsjahr, also deutlich später.

Anwendung Die Amortisationszeit ist als alleiniges Entscheidungskriterium für die Vorteilhaftigkeit von Investitionsprojekten ungeeignet. Diese kann ausschließlich mittels Kapitalwertmethode oder Realer Zinsfußmethode beurteilt werden. Die Amortisationszeit liefert jedoch Hinweise auf die Kapitalbindungsdauer der Investition und damit Anhaltspunkte für das Risiko einer Investition.

Praxistipps

Auf eine Diskontierung der Rückflüsse kann verzichtet werden, wenn der Kalkulationszinssatz sehr klein ist oder wenn absehbar ist, dass aufgrund der Erhöhung der Deckungsbeiträge oder aufgrund der Verringerung der liquiditätswirksamen Fixkosten die dafür notwendige Investitionsauszahlung ohnehin innerhalb einer kurzen Frist mehr als ausgeglichen wird.

Literaturtipps

Volkart, R./Wagner, A. F. (2014): Corporate Finance.

veb.ch (2011): Schweizer Controlling Standard Nr. 1: Investitionsrechnung.

Balanced Scorecard

Ausgangslage ——— Renditeorientierte Unternehmensführung setzt voraus, dass werterhöhende Strategien ausgewählt und dann auch umgesetzt werden. Konzepte der strategischen Unternehmenssteuerung vernachlässigen aber oft nichtmonetäre Erfolgspotenziale und offenbaren kritische Führungsengpässe erst dann, wenn es für Korrekturmaßnahmen in aller Regel schon zu spät ist. Das von *Kaplan* und *Norton* kreierte Konzept der Balanced Scorecard (BSC) soll diesen Mängeln durch ein ausbalanciertes System qualitativer und quantitativer, subjektiver und objektiver sowie strategischer und operativer Indikatoren entgegenwirken.

Kernidee ——— Die *Kernidee der BSC* besteht darin, den Wertschöpfungsprozess eines Unternehmens über ein Modell hypothetischer Ursache-Wirkungs-Zusammenhänge abzubilden, aus dem dann «handfeste» Ziele, Aktionen und Kennzahlen entwickelt werden. Die «abstrakte» Vision und Strategie eines Unternehmens soll auf diese Weise an das operative Tagesgeschäft angebunden werden. Im Einzelnen werden grundsätzlich vier Sichtweisen unterschieden:

- *Finanzielle Sicht:* Wie attraktiv ist das Unternehmen für seine Kapitalgeber?
- *Kundenperspektive:* Welcher Mehrwert wird für den Kunden geschaffen, und wie sehen diese das Unternehmen?

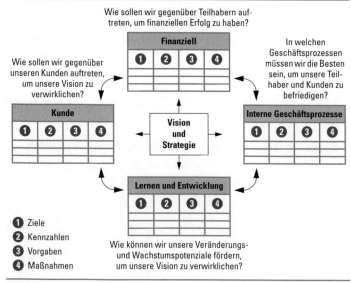

Quelle: In Anlehnung an Kaplan/Norton (1996)

- *Interne Prozess- und Ressourcenebene:* Worin muss sich das Unternehmen auszeichnen? Wie müssen die Prozesse gestaltet sein, damit die Anforderungen der Kunden auch erfüllt werden können?
- *Innovations- und Lernperspektive:* Wie kann das Unternehmen weiterhin wachsen und sich stetig verbessern? Wie können die Mitarbeitenden hinreichend motiviert und ausgebildet werden, um das Unternehmen innovationsfähiger zu machen?

Je nach Branche oder Unternehmensspezifikation kann es allerdings notwendig sein, die verschiedenen Sichtweisen anders zu gewichten oder mit anderen Ziel- und Performancegrößen zu füllen.

Wichtige Schritte ──── Da die Strategie des Unternehmens oder von Unternehmensteilbereichen im Mittelpunkt steht, ist der Aufbau einer Balanced Scorecard die ureigene Aufgabe des Managements und kann nicht an das Controlling delegiert werden. Besonders anschaulich ist das von *Friedag* und *Schmidt* propagierte *ZAK-Konzept*. Danach werden im ersten Schritt die *strategischen Ziele* (Z) abgeleitet. Um die Kräfte im Unternehmen zu bündeln, sollte man sich auf wenige strategische Ziele beschränken. Parallel dazu müssen die strategischen Ziele durch Messgrößen operationalisiert werden, sonst besteht die Gefahr, dass die einzelnen Geschäftsleitungsmitglieder aneinander vorbeireden. So wird der Marketing- oder Vertriebsleiter unter einer Verbesserung der Kundenzufriedenheit vermutlich etwas anderes verstehen als der Finanzchef oder der Logistikleiter. Im zweiten Schritt müssen geeignete *Aktionen* (A) bis hin zur operativen Ebene abgeleitet werden, von denen man erwartet, dass sie sich günstig auf die Erreichung der strategischen Ziele auswirken. Über die Festlegung von Aktionen, die wiederum auf einer Analyse der wichtigsten Einflussfaktoren der Performance basiert, wird der Link zwischen abstrakter strategischer und greifbarer operativer Ebene hergestellt. Erst im dritten Schritt geht es um die Festlegung von *Kennzahlen* (K). Mit ihnen soll erkennbar werden, ob die Aktionen tatsächlich greifen und zu einer Verbesserung der strategischen Zielerreichung beitragen.

──────────────────────────── **Literaturtipps**

Friedag, H.R./Schmidt, W. (2006): My Balanced Scorecard.
Kaplan, R.S./Norton, D.P. (1996): Balanced Scorecard.

Benchmarking

Kernidee ——— Beim Benchmarking steht das Lernen von anderen (der *«best in class»*) im Mittelpunkt. Durch vergleichende Analysen soll die operative und strategische Lern- und Leistungsfähigkeit von Unternehmen erhöht werden. Vergleichsobjekte können grundsätzlich beliebige Problemfelder eines Unternehmens sein, wobei in der Regel Produkte, Dienstleistungen, Prozesse und Methoden betrieblicher Funktionen im Vordergrund stehen. Ziel ist es, fehlerhafte Prozessabläufe, Over-Engineering, Qualitätsdefizite und andere Nachteile aufzudecken und zu beheben, um die Kosten zu senken oder die Leistungen des Unternehmens zu verbessern.

Vorgehensweise ——— Basierend darauf, welche Vergleichspartner für das Benchmarking herangezogen werden, lassen sich internes und externes Benchmarking unterscheiden.

Beim *internen Benchmarking* werden die Vergleichspartner innerhalb des Unternehmens gesucht. So können beispielsweise verschiedene Geschäftsbereiche miteinander verglichen werden, um Kostensenkungs- oder Renditepotenziale aufzudecken. Oder in- und ausländische Tochtergesellschaften eines international ausgerichteten Konzerns können sich zu einem Projekt zusammenfinden, das auf die Verbesserung der Lieferzuverlässigkeit zielt. Dem Vorteil der relativ einfachen Zugänglichkeit der für das Benchmarking notwendigen Informationen steht der Nachteil gegenüber, dass andere Unternehmenseinheiten nicht unbedingt Spitzenleistungen vorzuweisen haben und damit eventuell nur mehr oder weniger schlechte Praktiken miteinander verglichen werden.

Externes Benchmarking kann diesen Nachteil vermeiden, indem gezielt nach Unternehmen gesucht wird, welche in dem zu betrachtenden Problemfeld Weltklasse-Standards vorzuweisen haben. Dies können Konkurrenten im eigenen Markt (Wettbewerber-Benchmarking) oder auch Spitzenleistungsunternehmen in völlig fremden Branchen sein. Letzteres wird häufig auch als *funktionales* oder *generisches* Benchmarking bezeichnet, da man aus Vergleichbarkeitsgründen die zu analysierenden Felder auf bestimmte Arbeitsprozesse und Funktionen beschränken muss. Dem Vorteil eines großen Lernpotenzials stehen hier Probleme der Vergleichbarkeit und Datenverfügbarkeit gegenüber.

Ablauf ——— Unabhängig von den gewählten Vergleichspartnern besteht die Vorgehensweise beim Benchmarking grundsätzlich aus *fünf Kernphasen:*

1. Festlegung des Vergleichsobjekts: In Frage kommen Produkte, Arbeitsprozesse, Kosten- oder Renditestrukturen und Kundennutzen.
2. Identifizierung der Benchmarking-Partner: Grundsätzlich muss die Entscheidung getroffen werden, ob man sich unternehmensintern oder aber mit Drittunternehmen vergleichen möchte. Nach dieser Grundsatzentscheidung müssen geeignete Kandidaten gefunden werden.
3. Erhebung der notwendigen Informationen: Die Datenerhebung ist umso einfacher, je geringer die Komplexität und je größer der Standardisierungsgrad sind.
4. Auswertung der Informationen: Identifizierung von Unterschieden sowie Gemeinsamkeiten und Analyse der Zusammenhänge und möglicher Einflussfaktoren.
5. Umsetzung der erkannten Verbesserungspotenziale: Die Implementierung von Verbesserungsmaßnahmen ist für den Erfolg des Benchmarkings entscheidend. Wichtig ist, dass auch nach der Umsetzung das Erreichte immer wieder überprüft und im Sinne eines kontinuierlichen Verbesserungsprozesses an neue Erfordernisse angepasst wird.

> **Merke:** Als besonders wertvoll erweist sich Benchmarking in den Unternehmensbereichen, die nicht unmittelbar den Marktkräften ausgesetzt sind. Erfahrungsgemäß nimmt der Druck, effizient zu sein, mit der Distanz zum Kunden ab, womit Benchmarking als ein Instrument verstanden werden kann, künstlichen Wettbewerbsdruck in das Unternehmen hineinzutragen, um leistungssteigernde Effekte zu erzielen.

Literaturtipps

Siebert, G./Kempf, S. (2008): Benchmarking.

Break-even-Analyse

Kernidee ——— Der Break-even (Gewinnschwelle) definiert dasjenige Geschäftsvolumen (zum Beispiel Umsatz, Menge, Stückzahl), bei dem das zu messende Ergebnis (Bruttobetriebsergebnis, Betriebsergebnis, EBIT etc.) einen vorgegebenen Mindestgewinn gerade erreicht. In der Unternehmenspraxis interessiert man sich häufig für einen Mindestgewinn von gerade null. Je niedriger der Break-even, desto früher erreicht man die Gewinnzone; bei rückläufiger Gewinnschwelle erhöht sich das Periodenergebnis bei gleich bleibendem Periodenumsatz. Die Minimierung des Break-even ist also eine permanente Managementaufgabe.

Vorgehensweise ——— Der Break-even eines Profit-Centers kann nur dann bestimmt werden, wenn eine Trennung der Kosten in *fix* und *variabel* vorliegt. Das bedeutet zwangsläufig, dass es einen Break-even nur für solche Profit-Center gibt, deren Fixkosten eindeutig und plausibel sind. Das ist für ein Einzelprodukt aus einem *Mehrprodukt-Sortiment* grundsätzlich nicht gegeben.

Graphisch kann der Break-even als Schnittpunkt der Umsatz- und Gesamtkostenkurve oder der Deckungsbeitrags- und Fixkostenkurve ermittelt werden.

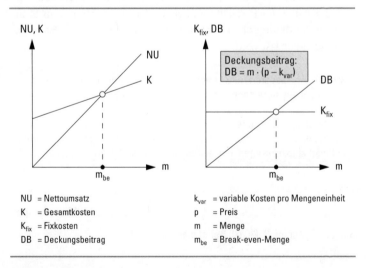

NU	= Nettoumsatz	k_{var}	= variable Kosten pro Mengeneinheit
K	= Gesamtkosten	p	= Preis
K_{fix}	= Fixkosten	m	= Menge
DB	= Deckungsbeitrag	m_{be}	= Break-even-Menge

Rechnerisch kann der Break-even für den *Umsatz* folgendermaßen bestimmt werden:

Ergebnis $E = NU - m \cdot k_{var} - K_{fix}$

für $E = 0$ gilt: $NU_{be} - m \cdot k_{var} = K_{fix}$ bzw. $DB = K_{fix}$

Ersetzt man DB durch $NU_{be} \cdot$ DB-Rate, erhält man:

$$NU_{be} = \frac{K_{fix}}{DB\text{-}Rate}$$

Der Break-even für die *Menge* (m_{be}) ergibt sich aus:

$$NU_{be} = m_{be} \cdot p \text{ und } DB = (p - k_{var}) \cdot m_{be}$$

$$m_{be} = \frac{K_{fix}}{p - k_{var}}$$

> **Beispiel:**
> Fixkosten: 1 Mio. EUR
> DB-Rate: 50 %
> p = 10 EUR/kg
> k_{var} = 5 EUR/kg
>
> Aus den beiden Formeln ergibt sich:
>
> NU_{be}: 2 Mio. EUR
> m_{be}: 200.000 kg
>
> Das Profit-Center erreicht die Gewinnschwelle bei einem Umsatz von 2 Mio. EUR oder äquivalent – gegeben den Preis von 10 EUR/kg – bei einer kritischen Menge von 200 Tonnen. Dabei muss die DB-Rate gerade 50 % vom Umsatz betragen.

_____ **Praxistipps**

Nützlich sind Break-even-Überlegungen nicht nur zur Bestimmung einer kritischen Menge, bei der ein bestimmter Mindestgewinn erzielt wird, sondern auch zur Überprüfung von Aussagen zur Ergebnisbeeinflussung. So können beispielsweise Vorschläge von Marketingabteilungen zur Erfolgsverbesserung mit Hilfe der Break-even-Analyse kritisch unter die Lupe genommen werden.

_____ **Literaturtipps**

Coenenberg, A.G./Fischer, T.M./Günther, T. (2012): Kostenrechnung und Kostenanalyse.

Heimrath, H. (2010): Excel-Tools für das Controlling.

Controlling-Cockpit (deutsch/englisch)

Beispiel ──── Die beiden nachfolgenden Grafiken zeigen das Controlling-Cockpit auf Ebene des *Bruttobetriebsergebnisses* zur Steuerung eines *Profit-Centers,* einmal in deutscher, zum anderen in englischer Sprache.

Controlling-Cockpit (Basis Bruttobetriebsergebnis): Beispiel					
Gesellschaft: Modell AG		Standort/Produktlinie: XYZ		grau: Eingabefelder	
in 1.000 EUR Perioden	1	2	3	4	5
Menge in Tonnen **Verkaufspreis EUR/kg**	1.000 10,00	1.100 10,40	1.200 10,60	1.300 10,80	1.400 11,00
Nettoumsatz (NU) Bruttobetriebsergebnis (BBE) *Umsatzrendite (BBE in % vom NU)*	10.000 2.000 *20,0*	11.440 2.830 *24,7*	12.720 3.480 *27,4*	14.040 4.150 *29,6*	15.400 4.840 *31,4*
Break-even (Umsatz) Break-even (Menge)	6.667 667	6.768 651	6.956 656	7.145 662	7.333 667
Fixkosten 1	**4.000**	**4.100**	**4.200**	**4.300**	**4.400**
▪ *in % vom NU* Variable Kosten ▪ *in % vom NU*	*40,0* 4.000 *40,0*	*35,8* 4.510 *39,4*	*33,0* 5.040 *39,6*	*30,6* 5.590 *39,8*	*28,6* 6.160 *40,0*
▪ **EUR/kg**	**4,00**	**4,10**	**4,20**	**4,30**	**4,40**
Deckungsbeitrag (DB 1) ▪ *in % vom NU*	6.000 *60,0*	6.930 *60,6*	7.680 *60,4*	8.450 *60,2*	9.240 *60,0*
Anlagevermögen (AV)	**8.000**	**8.500**	**9.000**	**9.500**	**10.000**
Bruttorendite (BBE in % vom AV) *Kapitalumschlag (NU/AV)*	*25,0* *1,25*	*33,3* *1,35*	*38,7* *1,41*	*43,7* *1,48*	*48,4* *1,54*

Fixkostenstruktur	in 1.000 EUR		in % vom NU		Schwachstellen
	Periode 4	Periode 5	Periode 4	Periode 5	☐ Menge
▪ Versandkosten ▪ Vertriebskosten ▪ Fertigungskosten	300 1.300 2.700	300 1.300 2.800	*2,1* *9,3* *19,2*	*1,9* *8,4* *18,2*	☐ Fixkosten ☐ Preis ☐ Variable Kosten
Summe	4.300	4.400	*30,6*	*28,6*	☐ Kapitalbindung

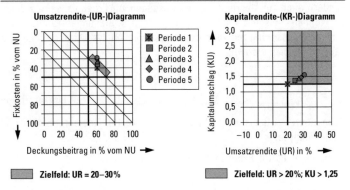

Die Fixkosten sind beim Bruttobetriebsergebnis (im Unterschied zum Betriebsergebnis) vor Overheadkosten dargestellt. Das Umsatzrendite- sowie das Kapitalrendite-Diagramm veranschaulichen, wie sich das Profit-Center von Jahr zu Jahr leicht verbessern kann.

Controlling-Cockpit (Basis Gross Operating Result): Example

Company: Model Ltd.		Location/Product Group: XYZ		grey: data input	
in 1.000 EUR					
Periods	1	2	3	4	5
Quantity in tons	1,000	1,100	1,200	1,300	1,400
Average Price EUR/kg	10.00	10.40	10.60	10.80	11.00
Net Sales	10,000	11,440	12,720	14,040	15,400
Gross Operating Result (GOR)	2,000	2,830	3,480	4,150	4,840
Return on Sales (GOR in % of Net Sales)	*20.0*	*24.7*	*27.4*	*29.6*	*31.4*
Break Even (Sales)	6,667	6,768	6,956	7,145	7,333
Break Even (Quantity)	667	651	656	662	667
Fixed Cost 1	**4,000**	**4,100**	**4,200**	**4,300**	**4,400**
■ *in % of Sales*	*40.0*	*35.8*	*33.0*	*30.6*	*28.6*
Variable Cost	4,000	4,510	5,040	5,590	6,160
■ *in % of Sales*	*40.0*	*39.4*	*39.6*	*39.8*	*40.0*
■ **EUR/kg**	**4.00**	**4.10**	**4.20**	**4.30**	**4.40**
Contribution Margin (CM 1)	6,000	6,930	7,680	8,450	9,240
■ *in % of Sales*	*60.0*	*60.6*	*60.4*	*60.2*	*60.0*
Assets (Investment)	**8,000**	**8,500**	**9,000**	**9,500**	**10,000**
Return on Investment (GOR in % of Assets)	*25.0*	*33.3*	*38.7*	*43.7*	*48.4*
Asset Turnover (Sales over Assets)	1.25	1.35	1.41	1.48	1.54

Fixed Cost Structure	in 1,000 EUR		in % of Sales		Weakness Analysis
	Period 4	Period 5	Period 4	Period 5	☐ Quantity
■ Shipping cost	300	300	2.1	1.9	☐ Fixed Cost
■ Selling cost	1.300	1.300	9.3	8.4	☐ Average Price
■ Manufacturing cost	2.700	2.800	19.2	18.2	☐ Variable Cost
Total	4.300	4.400	30.6	28.6	☐ Assets

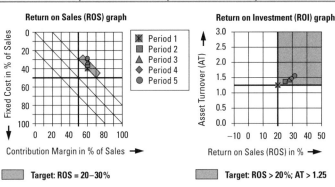

Target: ROS = 20–30%   Target: ROS > 20%; AT > 1.25

Dispositionsrechnung

Ausgangslage ―――― Die Vielzahl unternehmerischer Entscheidungen wie Investieren, Desinvestieren, Zukauf oder Eigenfertigung etc. unterscheiden sich grundsätzlich darin, ob das eingesetzte (investierte) Kapital – d.h. das Vermögen – bei einer Maßnahme verändert wird oder ob es konstant bleibt. Wird das Kapital verändert – zum Beispiel bei Investitionen oder Akquisitionen –, muss zur Entscheidungsfindung zunächst die Vorteilhaftigkeit der Kapitalveränderung (Rendite des investierten Kapitals) gerechnet werden. Bleibt das eingesetzte Kapital unverändert, reduziert sich die Methodik der Entscheidungsfindung auf eine einfache Dispositionsrechnung.

Kernidee ―――― Eine Dispositionsrechnung ist eine einfache Gegenüberstellung der durch die Entscheidung hervorgerufenen Veränderungen der liquiditätswirksamen Fixkosten und Deckungsbeiträge. Insofern könnte man auch von einer entscheidungsbezogenen Deckungsbeitragsrechnung sprechen. Die rentabelste Entscheidung ist gleichzeitig die mit dem günstigsten Ergebnis- oder Gewinnbeitrag. Da das Vermögen (Kapital) bei Dispositionsrechnungen konstant ist, verhält sich die Rentabilität proportional zum Gewinn.

Grundsätzlich sind ausschließlich die durch die Entscheidung direkt induzierten liquiditätswirksamen Veränderungen der fixen Kosten sowie der Deckungsbeiträge relevant. Dementsprechend dürfen niemals Abschreibungen oder zugeordnete Fixkosten einer Vollkostenrechnung berücksichtigt werden.

Es interessieren allein die Veränderungen der *liquiditätswirksamen Fixkosten* und die Veränderungen der *Deckungsbeiträge*. Die Grundformel jeder Dispositionsrechnung lautet damit:

Erhöhung der Deckungsbeiträge	Verringerung der Deckungsbeiträge
muss größer sein als	**muss kleiner sein als**
Zunahme der liquiditätswirksamen Fixkosten	Abbau der liquiditätswirksamen Fixkosten

Anwendung ──── Typische Fragestellungen einer Dispositionsrechnung sind zum Beispiel:

- Lohnt sich die Annahme eines Zusatzgeschäfts?
- Wie beeinflusst die Stilllegung eines Profit-Centers (Teilbetrieb) das Ergebnis eines Unternehmens?
- Wie beeinflusst die Streichung eines Einzelprodukts das Ergebnis einer bestehenden Produktlinie?
- Soll die Kapazität durch eine zeitliche Anpassung erhöht werden?

Beispiele ──── Handelt es sich zum Beispiel um die Bewertung zusätzlicher Geschäfte, muss die Differenz aus zusätzlichen Deckungsbeiträgen und möglichen zusätzlichen liquiditätswirksamen Fixkosten positiv sein. Zusätzliche Geschäfte lohnen sich nicht, wenn mehr Fixkosten aufgebaut als Deckungsbeiträge zusätzlich erzielt werden können.

Handelt es sich um einen Geschäfts- oder Leistungsabbau, muss die Differenz aus geringeren liquiditätswirksamen Fixkosten und verlorenen Deckungsbeiträgen größer null sein. Eine Teilstilllegung einer Produktion oder eine Sortimentsstreichung sind unsinnig oder zumindest problematisch, wenn der verlorene Deckungsbeitrag höher ist als die eingesparten fixen Auszahlungen.

> **Merke:** Bei der Optimierung von Sortimenten ist die Streichung eines einzelnen Produkts nicht immer eine rein betriebswirtschaftliche Frage. In der Regel steht dem Verlust an Deckungsbeitrag – so schlecht er auch sein mag – kein Fixkostenabbau gegenüber. Deshalb sollte stets versucht werden, den Deckungsbeitrag mit einem anderen – vergleichbaren – Produkt zu erzielen. Von dem Produktwechsel muss der betroffene Kunde aber erst überzeugt werden oder davon, einen angemessenen Preis für das bisherige Produkt zu bezahlen. Zudem müssen Interdependenzen mit anderen Produkten berücksichtigt werden, wenn beispielsweise durch die Streichung eines Produkts die Verkaufsmenge eines anderen (profitablen) Produkts zurückgeht.

──────────────────────────────── **Literaturtipps**

Coenenberg, A.G./Fischer, T.M./Günther, T. (2012): Kostenrechnung und Kostenanalyse.

Peters, G./Pfaff, D. (2011): Controlling.

Dualität von projekt- und produktbezogener Rechnung

Ausgangslage ——— Investitionsrechnungen in produktorientierten Unternehmen bestehen häufig aus zwei getrennten Rechenwerken: der Investitionsrechnung des Projekts und der Planergebnisrechnung des Produkts.

In der *projektbezogenen* Rechnung wird zunächst «nur» der Nachweis der Rendite des Einzelprojekts – der Investition selbst – geführt. In diese Rechnung gehen nur Ein- und Auszahlungen ein, die direkt mit dem Projekt in einem Zusammenhang stehen und von diesem ausgelöst werden (Marginalprinzip). Eine Investitionsrechnung enthält zunächst weder Abschreibungen (diese Kostenart ist nicht liquiditätswirksam; eine Abschreibung ist ja nichts anderes als die buchhalterische Verteilung der Anfangsauszahlung auf die geplante Lebensdauer der Investition) noch zugeordnete Fixkosten.

In der *produktbezogenen* Rechnung wird hingegen dargestellt, wie hoch die Rentabilität des gesamten Arbeitsgebiets – Produktbereich, Produktklasse, Sortiment etc. – vor und nach der Investition ist, also wie die Rentabilität durch diese Investition verändert wird. Dabei handelt es sich stets um eine Planergebnisrechnung auf Vollkostenbasis. Sie enthält die gesamten Abschreibungen und die durch die Erhöhung von Umsatz und Anlagevermögen gestiegenen direkten und zugeordneten Fixkosten.

> **Merke:** Beide Rechnungen, sowohl die Projektrechnung als auch die produktbezogene Planergebnisrechnung, müssen den Zielvorgaben entsprechen. So kann es durchaus sein, dass das Projekt selbst – der Erweiterungsbau oder das Projekt «auf grüner Wiese» – sehr rentabel ist, das momentan unrentable gesamte Arbeitsgebiet jedoch nicht saniert werden kann. In einem solchen Fall wird das an sich rentable Projekt zunächst nicht zum Zuge kommen. Stattdessen muss geprüft werden, ob es nicht vorteilhafter ist, das gesamte Arbeitsgebiet aufzugeben und zu desinvestieren.

Mit jeder Investition wird die Rendite eines Arbeitsgebiets verändert. Die Kontrolle und Steuerung erfolgt mit den periodischen Geschäftsdaten der Produktergebnisrechnung (Monat, Quartal, Jahr).

Beispiel ———— Die nachfolgende Abbildung zeigt die Grundstruktur einer Ergebnisrechnung, bei der die Veränderungen durch eine Investition gezeigt werden.

in Mio. EUR	vor Investition	Δ Investition	nach Investition
■ Anlagevermögen (AV)	100	10	110
■ Nettoumsatz (NU)	120		120
■ Deckungsbeitrag	60	+5	65
□ DB-Rate (in % vom NU)	50,0		54,2
■ Fixkosten	40	−5 + 1*	36
□ in % vom NU	33,3		30,0
■ Bruttobetriebsergebnis	20	+10 − 1*	29
□ in % vom NU	16,6		24,2
■ *Bruttorendite* (in % vom AV)	**20,0**		**26,4**
■ Kapitalumschlag (NU/AV)	**1,2**		**1,1**

* inkl. 10% Abschreibungen aus 10 Mio. EUR höherem Anlagevermögen

Vor der Investition zeigt die Vollkostenrechnung eine Bruttorendite von 20%. Die Investition verursacht direkt zurechenbare zusätzliche Deckungsbeiträge (Senkung der Rohstoffkosten) von 5 Mio. und geringere liquiditätswirksame Fixkosten (geringere Personalkosten und Reparaturkosten) in Höhe von 5 Mio. In der Summe ergibt sich eine jährliche Ergebnisverbesserung von 10 Mio. Die Wirtschaftlichkeit der Investition (Investitionsauszahlung = 10 Mio.) ist offensichtlich, die Pay-back-Dauer beträgt genau 1 Jahr. In der Planergebnisrechnung (= Vollkostenrechnung nach der Investition) steigt – unter Berücksichtigung der neu zugeordneten Fixkosten – die Bruttorendite auf 26,4%. Der Kapitalumschlag ist dabei durch das um 10 Mio. höhere Anlagevermögen (bei gleichem Umsatz) sogar von 1,2 (vor der Investition) auf 1,1 (nach der Investition) gesunken.

———————————————————————— **Literaturtipps**

Peters, G./Pfaff, D. (2011): Controlling.

Economic Value Added (EVA®)

Grundidee ——— Der von *Stern Stewart & Co.* propagierte Economic Value Added (EVA®) stellt im Kern einen *Über- oder Residualgewinn* dar, der sich dadurch auszeichnet, dass von einem rechnungswesenbasierten Gewinn vor Zinsen (zum Beispiel EBIT abzüglich Steuern) kalkulatorische Zinsen auf das in der betrachteten Periode gebundene Kapital abgezogen werden. Für die Berechnung von Residual- oder Übergewinnen wird also nicht von Cashflows, sondern von *periodisierten Größen* (Aufwänden und Erträgen) ausgegangen, die aus dem externen Rechnungswesen abgeleitet werden und damit grundsätzlich unabhängig vom tatsächlichen Zahlungszeitpunkt sind. Die grundlegende Formel lautet:

$$EVA_t = NOPAT_t - k \cdot K_{t-1}$$

Hierbei stehen EVA_t für den Economic Value Added der betrachteten Periode t, $NOPAT_t$ für den entsprechenden Net Operating Profit After Taxes der Periode t, k für den kalkulatorischen Kapitalkostensatz und K_{t-1} für das zu Periodenbeginn gebundene betriebsnotwendige Kapital, das für die Erwirtschaftung des $NOPAT_t$ eingesetzt wurde (Net Assets). Die Berücksichtigung kalkulatorischer Zinsen auf das eingesetzte Kapital bringt die grundlegende Idee aller wertorientierten Konzepte zum Ausdruck, dass «Gewinn» für die Aktionäre erst dann geschaffen wird, wenn das eingesetzte, betriebsnotwendige Kapital mehr als die Alternativrendite und damit die Kapitalkosten erwirtschaftet.

Vorgehensweise ——— Die zugrunde liegenden Größen können wie folgt ermittelt werden:

- Die *Ermittlung des $NOPAT_t$* basiert auf dem in der Gewinn- und Verlustrechnung (Erfolgsrechnung) ausgewiesenen Betriebsgewinn, der durch eine Reihe von Anpassungen (*Accounting Adjustments* oder *Conversions*) verändert wird. Im Einzelnen wird der Gewinn insbesondere um die erfolgswirksame Berücksichtigung sogenannter Eigenkapitaläquivalente korrigiert. Auch wenn im Grundkonzept von Stern Stewart & Co. mehrere hundert Korrekturen genannt werden, beschränken sich Unternehmen in der Praxis üblicherweise auf einige wenige Positionen, um die wesentlichen Korrekturen zu erfassen. Dazu gehören vor allem die Aktivierung und Abschreibung von F&E-Aufwendungen sowie die Elimination von Goodwill-Amortisationen. Nach der Vornahme der Adjustments sind die Steuern vom Betriebsgewinn abzuziehen. Im einfachsten Fall kann dies die Anwendung eines pauschalisierten Steuersatzes bedeuten. Der korrigierte Betriebsgewinn abzüglich der adjustierten Steuern (NOPAT$_t$) weist somit ausschließlich solche Gewinne aus, die auf die betriebliche Tätigkeit zurückzuführen sind.

- Bei der *Ermittlung des Kapitals* K_{t-1} werden die entsprechenden Bilanzbuchwerte um die bereits angesprochenen Accounting Adjustments (Conversions) korrigiert. Wichtig ist, dass nur das Kapital berücksichtigt wird, das mit dem entsprechenden NOPAT$_t$ korrespondiert. Weiterhin wird das Kapital subtrahiert *(Abzugskapital),* das dem Unternehmen (beziehungsweise der betrachteten Einheit) zinslos zur Verfügung steht. Darunter fallen vor allem Verbindlichkeiten aus Lieferungen und Leistungen, erhaltene Anzahlungen sowie große Teile der kurzfristigen Rückstellungen.
- Das dann verbleibende investierte Kapital K_{t-1} wird mit dem Kapitalkostensatz k multipliziert. Als Kalkulationszinssatz wird in Literatur und Praxis meist der *Weighted Average Cost of Capital (WACC)* genannt. Diese Größe bezeichnet den mit den relativen Marktwerten des Eigen- und Fremdkapitals gewichteten Kapitalkostensatz des Unternehmens.

Anwendung ──── Ziel der wertorientierten Unternehmenssteuerung ist es nun, jene Strategien und Bereiche zu fördern oder auszuwählen, die den Unternehmenswert (Shareholder Value) erhöhen, also Projekte durchzuführen, die einen positiven «Wertbeitrag» aufweisen. Ein Maß für die Veränderung des Unternehmenswerts im Betrachtungszeitpunkt t = 0 aufgrund der Durchführung einer Investition ist der Kapitalwert oder Net Present Value. Dieser kann nicht nur auf Basis zukünftiger Cashflows ermittelt werden, sondern auch durch die Diskontierung der aus dem Projekt mit der Nutzungsdauer T in den Perioden t = 1, 2, …, T erwarteten EVA$_t$-Beträge mit dem Kapitalkostensatz k.

──────────────────────────── **Literaturtipps**

Hostettler, S./Stern, H.J. (2007): Das Value Cockpit.
Young, S.D./O'Byrne, S.F. (2001): EVA and Value Based Management.
Stewart, G.B. (1991): The Quest for Value: the EVA Management Guide.

Ethikkodex im Controlling

Ausgangslage ▬▬▬ Zu den Voraussetzungen eines ordnungsgemäßen Controllings gehört, dass Management und Controller in Übereinstimmung mit ihren Worten und Werten leben. Ein Verhaltens- oder Ethikkodex ist so zu entwickeln, dass seine Grundsätze und Empfehlungen die finanzielle Berichterstattung im Allgemeinen und das Controlling im Besonderen unterstützen. Nachfolgend ist mit freundlicher Genehmigung von veb.ch, dem größten Schweizer Verband in Rechnungslegung, Rechnungswesen und Controlling, dessen Ethikkodex abgedruckt. Er ist die Grundlage für das berufliche Verhalten in Rechnungswesen, Controlling, Rechnungslegung und Treuhandwesen. Die Richtlinien zeigen, wie die Grundsätze in die Praxis umzusetzen sind. Sie dienen den veb.ch-Mitgliedern als Wegweiser für moralisches Handeln.

Grundsätze ▬▬▬ Die Mitglieder des veb.ch lassen sich in ihrem Beruf von den folgenden Grundsätzen leiten:

- Rechtschaffenheit
- Objektivität
- Vertraulichkeit
- Fairness
- Fachliche Kompetenz

Die veb.ch-Mitglieder sichern das Vertrauen Dritter und schaffen die Voraussetzung und Grundlage für die kompetente Erfüllung der Berufsaufgaben, indem sie diese Prinzipien einhalten.

Rechtschaffenheit ▬▬▬ Die Mitglieder des veb.ch

- arbeiten korrekt, sorgfältig und verantwortungsbewusst
- halten die Gesetze ein und befolgen die Editionspflichten
- beachten und fördern die legitimen und ethischen Ziele ihres Unternehmens und ihrer Klienten (Treuhandwesen)
- sind nicht in illegale Aktivitäten verstrickt und wirken nicht bei Handlungen mit, die ihren Berufsstand in Misskredit bringen.

Objektivität ▬▬▬ Die Mitglieder des veb.ch

- legen alle ihnen bekannten wesentlichen Fakten offen, die die transparente, vollständige und objektive Beurteilung ihrer Tätigkeit gewährleisten
- beteiligen sich nicht an Aktivitäten und unterhalten keine Beziehungen, die eine unabhängige und sachliche Beurteilung beein-

trächtigen oder den Interessen des veb.ch, des Unternehmens oder ihrer Klienten widersprechen
- nehmen keine Geschenke oder Vergünstigungen entgegen, die ihre Integrität beeinträchtigen.

Vertraulichkeit ____ Die Mitglieder des veb.ch

- geben vertrauliche Informationen ohne Erlaubnis oder rechtliche Verpflichtung weder während noch nach Beendigung des Vertragsverhältnisses mit ihrem Arbeitgeber oder Klienten an Dritte weiter
- ziehen keinen persönlichen Vorteil aus Erkenntnissen, die sie aus Vertragsverhältnissen gewonnen haben, und verwenden keine Informationen, die nicht mit den ethischen Grundsätzen ihres Unternehmens zu vereinbaren sind.

Fairness ____ Die Mitglieder des veb.ch

- lösen Konflikte im sachlichen, direkten Gespräch und berücksichtigen dabei die Werte, Erwartungen, Interessen und Bedürfnisse aller Beteiligten
- besprechen Interessenkonflikte – zum Beispiel auch im Zusammenhang mit den Verhaltensregeln des Ethikkodexes – mit ihren Klienten, den unmittelbaren Vorgesetzten oder, falls diese selbst daran beteiligt sind, mit den nächsthöheren Vorgesetzten.

Fachliche Kompetenz ____ Die Mitglieder des veb.ch

- bilden sich ständig weiter, um qualitativ hochstehende Berufsleistungen zu erbringen
- übernehmen nur Aufgaben, für die sie fachlich befähigt sind.

Sanktionen ____ Verstößt ein Mitglied des veb.ch in grober Weise gegen den Ethikkodex, kann es aus dem veb.ch ausgeschlossen werden.

Für Beratungsdienste zum Thema *Whistleblowing* ist eine Hotline eingerichtet. Mitglieder des veb.ch können diese kostenlos nutzen, um eine sorgfältige Risikoabwägung vorzunehmen, bevor Informationen an Dritte über Unregelmäßigkeiten bei ihrem Arbeitgeber weitergegeben werden.

_____ **Links**

www.veb.ch/verband/ethik.html

Falsche Daten

Merke: In jedem Unternehmen gibt es eine ganze Fülle von Daten und Kennziffern, die man als unsinnig bezeichnen muss. Dennoch «zieren» sie Geschäftsberichte, zahlreiche Statistiken und betriebswirtschaftliche Auswertungen. Meiden Sie diese unsinnigen Daten!

Beispiel 1: Gewinnveränderung in Prozent Die nachfolgende Aussage stellt den Ausganspunkt der Analyse dar: «Die Gesellschaft A konnte den Umsatz im letzten Geschäftsjahr um 8 % steigern. Der Gewinn vor Steuern fiel mit plus 16 % sogar doppelt so hoch aus. Der Vorstand sah sich in seiner Strategie der Renditesteigerung bestätigt.» Nachfolgend zwei einfache Zahlenbeispiele, die die Problematik der Aussage verdeutlichen:

		Periode 1	Periode 2	Veränderung
Fall 1	Umsatz	800 Mio. EUR	864 Mio. EUR	+8 %
	Gewinn	100 Mio. EUR	116 Mio. EUR	+16 %
	DB-Rate	50 %	50 %	–
	Deckungsbeitrag	400 Mio. EUR	432 Mio. EUR	+32 Mio. EUR
	Fixkosten	300 Mio. EUR	316 Mio. EUR	+16 Mio. EUR
Fall 2	Umsatz	800 Mio. EUR	864 Mio. EUR	+8 %
	Gewinn	1,0 Mio. EUR	1,16 Mio. EUR	+16 %
	DB-Rate	50 %	50 %	–
	Deckungsbeitrag	400 Mio. EUR	432 Mio. EUR	+32 Mio. EUR
	Fixkosten	399 Mio. EUR	430,84 Mio. EUR	+31,84 Mio. EUR

In beiden Fällen sei angenommen, dass die Deckungsbeitragsrate in beiden Perioden unverändert 50 % beträgt, sodass jeweils der Deckungsbeitrag von 400 Mio. EUR auf 432 Mio. EUR ansteigt. Ausgehend von der Gewinnveränderung beträgt somit der Anstieg der Fixkosten 16 Mio. EUR in Fall 1, d.h. von den zusätzlichen Deckungsbeiträgen wurde die Hälfte für zusätzliche Fixkosten verzehrt. Eine *mittelmäßige* Leistung! In Fall 2 beträgt der Anstieg der Fixkosten sogar fast 32 Mio. EUR und entspricht damit in etwa der Höhe der zusätzlichen Deckungsbeiträge. Eine *inakzeptable* Leistung!

Das Beispiel verdeutlicht die Problematik prozentualer Angaben zu Veränderungen. Da der Gewinn bekanntlich auch von negativ auf positiv – und umgekehrt – springen kann, sind prozentuale Angaben zu Veränderungen des Gewinns grundsätzlich unsinnig.

Beispiel 2: Fixe Stückkosten und absolute variable Kosten ▬▬▬ Fixkosten sollte man nur in absoluten Größen oder in Prozent vom Umsatz definieren, nicht jedoch als Fixkosten pro Menge. Bei variablen Kosten hingegen ist der absolute Wert allein ohne Aussage. Hier sind die Stückkosten die richtige «Währung» oder aber die variablen Kosten in Prozent vom Umsatz. Oftmals werden unsinnige Abweichungsinformationen bei Auswertungen produziert. Im folgenden Zahlenbeispiel sind die unsinnigen Werte hellgrau, die aussagekräftigen Informationen schwarz gekennzeichnet.

Der Rückgang der *fixen* Stückkosten (EUR/kg) um 2,79% ist ebenso nichtssagend wie die Erhöhung der absoluten variablen Kosten um 9,12%. Wichtig dagegen ist die Aussage, dass die Fixkosten um 0,4 Prozentpunkte vom Umsatz rückläufig waren. Dagegen erhöhen sich die variablen Kosten pro kg um 3,67%. Da gleichzeitig der Verkaufspreis um 2% zurückging, sank die DB-Rate um 1,73 Prozentpunkte und damit die Kapitalrendite um 1,45 Prozentpunkte.

in 1.000 EUR	Periode 1	Periode 2	Δ absolut	Δ Prozent	Δ %-Punkte
Menge in Tonnen	950	1.000	50	5,26	o.A.
Verkaufspreis EUR/kg (VP)	10,00	9,80	−0,20	−2,00	o.A.
Nettoumsatz (NU)	9.500	9.800	300	3,16	o.A.
Operatives Ergebnis (OE)	2.350	2.290	−60	−2,55	o.A.
Umsatzrendite (OE in % vom NU)	*24,74*	*23,37*	*o.A.*	*o.A.*	*−1,37*
Break-even (Umsatz)	6.143	6.445	303	4,93	o.A.
Break-even (Menge)	614	658	43	7,07	o.A.
Fixkosten	**4.300**	**4.400**	100	2,33	o.A.
▪ *in % vom NU*	*45,26*	*44,90*	*o.A.*	*o.A.*	*−0,36*
▪ EUR/kg	4,53	4,40	−0,13	−2,79	o.A.
Variable Kosten	2.850	3.110	260	9,12	o.A.
▪ *in % vom NU*	*30,00*	*31,73*	*o.A.*	*o.A.*	*1,73*
▪ **EUR/kg**	**3,00**	**3,11**	0,11	3,67	o.A.
Deckungsbeitrag (DB 1)	6.650	6.690	40	0,60	o.A.
▪ *in % vom NU*	*70,00*	*68,27*	*o.A.*	*o.A.*	*−1,73*
Betriebsnotwendiges Kapital (BNK)	**8.000**	**8.200**	200	2,50	o.A.
Kapitalrendite (OE in % vom BNK)	*29,38*	*27,93*	*o.A.*	*o.A.*	*−1,45*
Kapitalumschlag (NU/BNK)	1,19	1,20	0,01	o.A.	o.A.
	wichtig	unsinnig	o.A.: ohne Aussage		

Glättung von Fixkosten

Problem ——— Die Kosten- und Ergebnissteuerung wird problematisch, wenn nicht sogar unmöglich, wenn das Prinzip der angemessenen Verteilung von Periodenkosten missachtet wird.

Merke: Die Buchung von aperiodischen, in regelmäßigen Zeitabständen jedoch wiederkehrenden Auszahlungen – zum Beispiel Großreparaturen und Jahresprämien – in einem Einzelmonat statt verteilt über die gesamte Geschäftsperiode (insbesondere Geschäftsjahr) führt zu falschen Kosten- und Ergebnissignalen.

Im Beispiel der nachfolgenden Abbildung sind die Monate 8 (August) und 12 (Dezember) mit Sondereffekten belastet.

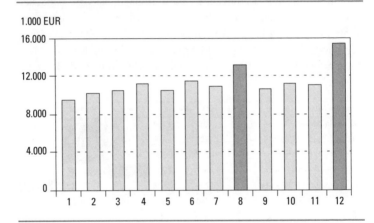

Lösung ——— Diese Datenschieflage kann durch eine *Glättung* behoben werden, d.h. durch eine Verteilung der «peaks» auf die gesamte Periode. Wenn von vornherein feststeht, dass in jedem Geschäftsjahr – zumeist in einer produktionsarmen Zeit wie den Sommerferien – die jährliche Großreparatur durchgeführt wird, dann müssen *alle* Perioden des Geschäftsjahrs – entweder jeder Monat oder jedes Quartal – diesen Aufwand gleich gewichtet teilen. Das Gleiche gilt zum Beispiel für die Jahresprämie, die gewöhnlich bereits zum Jahresbeginn in etwa feststeht und zum Jahresende ausbezahlt wird. Diese Kostenbelastung darf nicht nur der Monat Dezember tragen (oder das IV. Quartal), sondern sie muss auf jede Jahresperiode gleichmäßig verteilt werden.

Die nachfolgende Abbildung zeigt das Ergebnis einer Fixkostenglättung für das Beispiel. Wichtig ist bei einem solchen Vorgehen eine enge Abstimmung von Rechnungswesen und Controlling, da die beschriebenen Verzerrungen sich nicht nur in der Kostenstellenrechnung, sondern in allen nachgelagerten Systemen bis hin zur Produktergebnisrechnung auswirken.

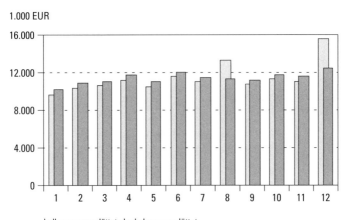

hellgrau: ungeglättet; dunkelgrau: geglättet

_____ **Praxistipps**

Inwieweit aperiodische, aber eher *einmalige* oder *zufällige* Auszahlungen im operativen Geschäft ex post aus den Steuerungssystemen (Ergebnisrechnung, Cockpit) wieder herausgerechnet werden sollten, muss pragmatisch entschieden werden. Wenn die Systemdaten trotz entsprechender «Fußnoten» zu permanenten Rückfragen und Fehlinterpretationen führen, sollte bereinigt werden.

_____ **Literaturtipps**

Peters, G./Pfaff, D. (2011): Controlling.

veb.ch (2014): Schweizer Controlling Standard Nr. 3: Reporting.

Jahreshochschätzung (Forecast)

Ausgangslage ___ Für die Steuerung eines Unternehmens ist eine zuverlässige Umsatz- und Ergebnisprognose von großer Wichtigkeit. Während der sogenannte Monats(schnell)bericht von einer Ergebnisschätzung auf Basis eines tatsächlich fakturierten Umsatzes ausgeht (für ein Beispiel vgl. Abschnitt 4.7), erfordert die Hochschätzung mehr oder weniger längerfristige – plausible – Annahmen über den Trend von Auftragseingang, Umsatz, Fixkosten und DB-Rate. Auf Basis der folgenden Gleichungen können die Monatsergebnisse und darauf aufbauend das Jahresergebnis geschätzt werden:

$$\text{Break-even-Umsatz (errechnet)} = \frac{\text{Fixkosten (geschätzt)}}{\text{DB-Rate (geschätzt)}}$$

$$\text{Monatsergebnis (errechnet)} = \left[\text{Umsatz (geschätzt)} - \text{Break-even-Umsatz (errechnet)} \right] \times \text{DB-Rate (geschätzt)}$$

Beispiel ___ In der nachfolgenden Tabelle setzen wir per Annahme auf den Ist-Daten des ersten Halbjahrs auf. Geschätzt werden die Folgemonate und damit das Gesamtjahr.

Jahreshochschätzung auf Basis Ist-Zahlen per Juni

in Mio. EUR

Monat	Umsatz	Fixkosten	DB	Break-even-Umsatz	DB-Rate	Ergebnis
Jan	22,422	10,812	11,213	21,620	0,500	0,401
Feb	23,845	11,123	11,857	22,369	0,497	0,734
März	21,533	10,724	11,232	20,559	0,522	0,508
April	24,325	11,125	12,476	21,691	0,513	1,351
Mai	25,134	11,245	13,223	21,374	0,526	1,978
Juni	25,211	10,687	13,125	20,528	0,521	2,438
Juli	*26,1*	*10,9*	*13,6*	*21,0*	*0,52*	*2,7*
Aug	*18,2*	*11,0*	*9,5*	*21,2*	*0,52*	*−1,5*
Sept	*24,8*	*11,1*	*12,9*	*21,3*	*0,52*	*1,8*
Okt	*23,9*	*11,0*	*12,2*	*21,6*	*0,51*	*1,2*
Nov	*24,3*	*11,4*	*12,4*	*22,4*	*0,51*	*1,0*
Dez	*16,5*	*11,3*	*8,4*	*22,2*	*0,51*	*−2,9*
Gesamt	**276,3**	**132,4**	**142,1**	**257,5**	**0,51**	**9,6**

hellgrau: geschätzt; dunkelgrau: gerechnet

Zum Beispiel ergibt sich für den Monat Juli aus den geschätzten Fixkosten von 10,9 Mio. EUR und einer geschätzten (fortgeschriebenen) DB-Rate von 0,52 ein Break-even-Umsatz von 21,0 Mio. EUR. Dies ist der Umsatz, der definitionsgemäß die variablen Kosten sowie alle geschätzten Fixkosten gerade abdeckt. Jede Umsatzeinheit über dem Break-even erhöht somit den Gewinn in Höhe des Deckungsbeitrags (die Fixkosten sind ja bereits abgedeckt). Aus der Differenz zwischen geschätztem Umsatz (26,1 Mio. EUR) und Break-even-Umsatz (21,0 Mio. EUR), multipliziert mit der geschätzten DB-Rate (0,52), ergibt sich das geschätzte Ergebnis von 2,7 Mio. EUR. Dieser Prozess wird monatlich fortgeschrieben; die Aggregation aller geschätzten (Juli–Dez) sowie der bereits feststehenden (Jan–Juni) Monatsergebnisse führt zu einem geschätzten Jahresergebnis von 9,6 Mio. EUR.

Per September ist man «um drei Monate schlauer», das dritte Quartal ist gebucht; abzuschätzen sind nur noch die letzten drei Monate.

Jahreshochschätzung auf Basis Ist-Zahlen per September

in Mio. EUR

Monat	Umsatz	Fixkosten	DB	Break-even-Umsatz	DB-Rate	Ergebnis
Jan	22,422	10,812	11,213	21,620	0,500	0,401
Feb	23,845	11,123	11,857	22,369	0,497	0,734
März	21,533	10,724	11,232	20,559	0,522	0,508
April	24,325	11,125	12,476	21,691	0,513	1,351
Mai	25,134	11,245	13,223	21,374	0,526	1,978
Juni	25,211	10,687	13,125	20,528	0,521	2,438
Juli	26,438	11,243	13,819	21,510	0,523	2,576
Aug	17,997	11,544	9,378	22,154	0,521	−2,166
Sept	24,633	11,223	12,699	21,770	0,516	1,476
Okt	*23,6*	*11,0*	*12,0*	*21,6*	*0,51*	*1,0*
Nov	*22,8*	*11,4*	*11,6*	*22,4*	*0,51*	*0,2*
Dez	*15,9*	*11,2*	*8,1*	*22,0*	*0,51*	*−3,1*
Gesamt	**273,8**	**133,3**	**140,8**	**259,3**	**0,51**	**7,5**

hellgrau: geschätzt; dunkelgrau: gerechnet

Insgesamt musste die Hochschätzung von ursprünglich 9,6 Mio. EUR auf 7,5 Mio. EUR nach unten korrigiert werden. Die Fixkosten waren etwa gleich hoch wie per Juni erwartet, die Umsätze etwas geringer.

> **Merke:** Wichtig ist, dass der Break-even ständig aus den Abrechnungssystemen aktualisiert wird. Dies ist nicht nur für die Jahreshochschätzung essentiell, sondern auch für die Frage nach dem Abgrund: Wie weit kann unser Umsatz einbrechen, ohne dass wir Verluste schreiben?

Literaturtipps

Peters, G./Pfaff, D. (2011): Controlling.

Kapitalwertmethode (Net Present Value)

Ausgangslage ——— Die Kapitalwertmethode stellt eine zentrale Methode der Investitions- und Wirtschaftlichkeitsrechnung dar. Sie zählt zu den dynamischen Methoden (Mehrperiodenmethoden) der Investitionsrechnung und berücksichtigt die gesamte Wertentwicklung einer Investition (Rückflüsse) inklusive Zins und Zinseszins. Auf Basis des Kapitalwerts können Entscheidungen über die Vorteilhaftigkeit mehrperiodiger Investitionsprojekte getroffen werden.

Kernidee ——— Die Kapitalwert- oder Net-Present-Value-Methode (NPV-Methode) fragt nach dem absoluten Betrag, den die jährlichen Rückflüsse einer Investition mit einem bestimmten Kalkulationszinsfuß (einer Ziel-Rendite, auch Hurdle Rate genannt) abgezinst heute erreichen; deshalb auch der Begriff «Present Value». Zentrales Element dieser Methode ist damit die Vorstellung, dass in einem Unternehmen *knappes Kapital* mindestens zum Kalkulationszinssatz angelegt werden kann oder zum Kalkulationszinssatz aufgenommen werden muss, weil dann andere Projekte nicht mehr zum Zuge kommen. Wird die Anfangsauszahlung der Realinvestition vom Barwert der Rückflüsse abgezogen, erhält man den *Kapitalwert* (KW) oder *Net Present Value* (NPV).

Beispiel ——— Betrachtet werden zwei Realinvestitionen A und B, die beide eine Anfangsauszahlung von insgesamt 700 GE im Betrachtungszeitpunkt (Periode 0) erfordern. Von beiden Projekten kann nur eines realisiert werden. In den Perioden 1 bis 3 erfolgen die Rückflüsse. Um die Vorteilhaftigkeit der Projekte aus heutiger Sicht zu beurteilen, ist es notwendig, alle Zahlungen auf denselben Zeitpunkt zu beziehen. Bei der Kapitalwertmethode ist dies der Betrachtungszeitpunkt, also die Periode 0. Der Barwert gibt den Wert der Rückflüsse aus heutiger Sicht an. So bedeutet der Barwert des Rückflusses aus Projekt A in der dritten Periode, dass die Unternehmensleitung dem Cashflow von 500 GE in Periode 3 einen Wert aus heutiger Sicht in Höhe von 376 GE beimisst. Der Wert ist umso niedriger, je höher die Verantwortlichen den Kalkulationszinssatz $i_{(h)}$ bemessen.

Periode	Projekt A		Projekt B	
	Rückflüsse	Barwert*	Rückflüsse	Barwert*
1	200	182	100	91
2	300	248	200	165
3	500	376	700	526
Summe	1.000	806	1.000	782
Anfangsauszahlung in Periode 0		700		700
Kapitalwert (NPV)		806 − 700 = 106		782 − 700 = 82

* Kalkulationszinssatz (Hurdle Rate) $i_{(h)} = 10\%$

Zieht man die Anfangsauszahlung von 700 GE vom Barwert der Rückflüsse des jeweiligen Projekts ab, erhält man als Kapitalwert von Projekt A 106 GE und von Projekt B 82 GE. Der *Kapitalwert* oder *Net Present Value* gibt den auf den Zeitpunkt der Anfangsauszahlung bezogenen residualen Vermögenszuwachs bei Durchführung der Realinvestition im Vergleich zu einer Anlage der Investitionsauszahlung zum Kalkulationszinssatz von 10% an. Damit wird es möglich, die Vorteilhaftigkeit einer Investition zum heutigen Zeitpunkt zu bestimmen. Im vorliegenden Beispiel ist A vorteilhafter als B. Und: Beide Projekte «rentieren» aus Sicht der Unternehmensleitung, da beide Projekte mehr als den geforderten Mindestzinssatz erbringen.

_____ **Praxistipps**

Der *Kalkulationszinssatz* ist ein Mindestzinsfuß, den ein Unternehmer sich als Schwelle oder Hürde setzt; in der Regel wird dafür der langfristige risikolose Zinssatz zuzüglich einem Zuschlag für das unternehmerische Risiko angesetzt. Werte von zum Beispiel 5% + 3% = 8% oder 7% + 8% = 15% geben eine gängige Bandbreite an. Je höher das Risiko einer Investition, desto höher der Kalkulationszinssatz und desto stärker die Abzinsung der zukünftigen Rückflüsse aus heutiger Sicht.

_____ **Literaturtipps**

Volkart, R./Wagner, A.F. (2014): Corporate Finance.

Konsolidierte Daten

Ausgangslage ——— In Gesellschaften mit verbundenen Strukturen laufen viele unternehmerische Prozesse arbeitsteilig ab. Beispielhaft sei der Verkauf von Fertigprodukten durch eine Produktionsgesellschaft P in Land A an die Vertriebsgesellschaft V in Land B genannt. Der für die konzerninterne Lieferung veranschlagte Verrechnungspreis fließt als Nettoumsatz bzw. Einstandskosten in die Einzelergebnisrechnungen der jeweiligen Gesellschaften ein. Die Einzelergebnisrechnungen sind aufgrund der juristischen Trennung beider Gesellschaften stets notwendig und dienen als Kontrolle der korrekten Anwendung der OECD-Verrechnungspreisleitlinien.

> **Merke:** Zur Steuerung des gesamten Geschäfts sind unbedingt konsolidierte Daten erforderlich, d.h. es müssen zur Vermeidung von Doppelzählungen Innenlieferungen zwischen verbundenen Gesellschaften eliminiert werden.

Grundprinzip ——— In der Konsolidierung werden die Innenlieferungen eliminiert, die Kosten addiert und dem Nettoumsatz mit Dritten gegenübergestellt.

Beispiel ——— Im Beispiel der nebenstehenden Abbildung erhält die Vertriebsgesellschaft V eine angemessene Marge (12%) zur Deckung der variablen (5%) und fixen (7%) Kosten (der für das Stammhaus bereitgehaltenen Vertriebsstruktur) und eine Gewinnmarge in Höhe von 3%. Das konsolidierte Ergebnis fällt – bis auf die 3% Gewinnmarge des Vertriebs – beim Produzenten P und dem dort investierten Kapital an. Das konsolidierte Ergebnis über beide Gesellschaften wird zur Analyse und Steuerung des Geschäfts benutzt.

Bei Anwendung richtlinienkonformer Verrechnungspreise entspricht die Ergebnisrechnung des Produzenten «fast» der konsolidierten Gruppenrechnung (im Beispiel Kapitalrenditen von 31,3% und 35%), da bei der Vertriebsgesellschaft nur ein kleiner und relativ konstanter Gewinn anfällt (im Beispiel eine Umsatzrendite von 3%). Die Steuerung des Geschäfts benötigt also nicht unbedingt und ständig die Daten der Vertriebsgesellschaft, die meist nur mit hohem Aufwand zu beschaffen sind und nicht immer zeitgleich mit den Daten der Produktionsgesellschaft vorliegen.

in Mio. EUR	P	V	konsolidiert
Nettoumsatz (NU)	85 *	100	100
(Einstandskosten)	└─────▶	85 *	*
variable Kosten	30	5	35
Deckungsbeitrag	55	10	65
Fixkosten	30	7	37
Betriebsergebnis (BE)	25	3	28
Umsatzrendite (BE/NU)	*29,4%*	*3%*	*28%*
Anlagevermögen (AV)	80		80
Kapitalumschlag (NU/AV)	1,06		1,25
Kapitalrendite (BE/AV)	*31,3%*		*35%*
* 85 Mio. GE entfallen bei Konsolidierung			

_____ **Praxistipps**

- Verrechnungspreise sollten regelmäßig überprüft werden.
- Bei Vertriebsgesellschaften ist es häufig sinnvoll, die Verrechnungspreise nach der Wiederverkaufspreismethode festzulegen (siehe Abschnitt 4.9).
- Vertriebsgesellschaft und Produktionsgesellschaft sollten regelmäßig ihre Ergebnisrechnungen austauschen und sich auf Basis der konsolidierten Ergebnisrechnung über notwendige Maßnahmen abstimmen.
- Die Verrechnungspreise sollten unbedingt steuerkonform gewählt werden.

_____ **Literaturtipps**

Franz, K.-P./Hieronimus, A. (Hrsg.) (2003): Kostenrechnung im international vernetzten Konzern.

Peters, G./Pfaff, D. (2011): Controlling.

OECD (2011): OECD-Verrechnungspreisleitlinien für multinationale Unternehmen und Steuerverwaltungen.

Nachhaltigkeitsberichterstattung

Ausgangslage ──── Gemäß dem Triple-Bottom-Line-Ansatz umfasst Nachhaltigkeit die drei Säulen Ökonomie, Ökologie und Soziales. Im Kern geht es um die ökonomische, ökologische und soziale Verantwortung, welche das Unternehmen gegenüber seinen Anspruchsgruppen (Stakeholder) wahrzunehmen hat. Kunden berücksichtigen zunehmend Aspekte der Nachhaltigkeit in ihren Kaufentscheidungen. Faire Anstellungsbedingungen und eine ausgeglichene Work-Life-Balance können dazu beitragen, qualifizierte und motivierte Mitarbeiter dauerhaft im Unternehmen zu halten.

Merke: Durch Innovationen im Bereich Nachhaltigkeit können Unternehmen Wettbewerbsvorteile erlangen. Auf dem Kapitalmarkt kann nachhaltiges Wirtschaften den potenziellen Investorenkreis um Socially Responsible Investments (SRI) erweitern, bei denen neben finanziellen auch ökologische und soziale Kriterien im Investmentprozess Berücksichtigung finden. Nichtregierungsorganisationen (NGOs) können den Druck der Anspruchsgruppen weiter verstärken. Nachhaltiges Handeln dient somit der langfristigen Zukunftssicherung eines Unternehmens.

Kernidee ──── Um nachhaltiges Wirtschaften gegenüber externen Anspruchsgruppen sichtbar zu machen, sind entsprechende Informationen im Rahmen der Geschäftsberichterstattung *(integrated reporting)* oder separater Nachhaltigkeitsberichte zu veröffentlichen. Da diese Informationen für verschiedene Stakeholder Grundlage für die Beurteilung der Nachhaltigkeitsperformance darstellen, muss die Nachhaltigkeitsberichterstattung entsprechend sorgfältig vorgenommen werden.

Angesichts fehlender gesetzlicher Standards für eine ordnungsgemäße Berichterstattung können freiwillige Standards, wie sie beispielsweise von der Global Reporting Initiative (GRI), dem United Nations Global Compact (UNGC), dem Carbon Disclosure Project (CDP) und der European Federation of Financial Analysts Societies (EFFAS) bereitgestellt werden, als Orientierungshilfe für die Nachhaltigkeitsberichterstattung herangezogen werden.

Umsetzung ──── Als Quasistandard der Nachhaltigkeitsberichterstattung gelten die Richtlinien der GRI. Im Mai 2013 wurde die aktuelle Version des Standards G4 publiziert. Die Richtlinien nennen Prinzipien für den Berichtsinhalt – Einbezug der Stakeholder, Kontext der Nachhaltigkeit, Wesentlichkeit und Vollständigkeit – sowie für die Berichtsqualität – Ausgewogenheit, Vergleichbarkeit, Genauigkeit, Aktualität, Klarheit/Verständlichkeit und Zuverlässigkeit.

Aufbauend auf diesen Prinzipien werden jeweils konkrete Indikatoren zur Messung der Nachhaltigkeitsperformance im Hinblick auf allgemeine und spezifische Anforderungen *(general and specific standard disclosures)* angeführt. Die spezifischen Anforderungen umfassen Angaben zum Managementansatz sowie ökonomische, ökologische und soziale Leistungsindikatoren. Die Leistungsindikatoren werden durch branchenspezifische Leistungsindikatoren ergänzt, um den Besonderheiten einzelner Branchen Rechnung zu tragen. Sämtliche Leistungsindikatoren werden im Rahmen eines separaten Umsetzungshandbuchs ausführlich erläutert.

Eine Registrierung der Nachhaltigkeitsberichterstattung bei der GRI erfordert eine Selbsteinstufung der berichtenden Unternehmen bezüglich des Umfangs der Nachhaltigkeitsberichterstattung. Hierdurch informieren die Unternehmen die Berichtsadressaten, in welchem Umfang die GRI-Richtlinien angewandt werden. Um den Bedürfnissen von neuen und erfahrenen Berichterstellern gerecht zu werden, unterscheidet die GRI ab Version G4 eine «Kern»-Option, die die wesentlichen Inhalte eines Nachhaltigkeitsberichts abdeckt, und eine «umfassende» Option, die eine umfangreichere Berichterstattung beinhaltet. In den früheren Versionen G3/G3.1 wurden die drei Anwendungsebenen A (großer Umfang), B (mittlerer Umfang) und C (geringer Umfang) unterschieden.

Praxisbeispiel

Eine Untersuchung der Nachhaltigkeitsberichterstattung für das Berichtsjahr 2010 von Unternehmen des DAX-30 und SMI zeigt (vgl. Hummel/Schlick, 2013):
- 5 der 20 Unternehmen des SMI veröffentlichen keine Informationen zur Nachhaltigkeit in nennenswertem Umfang. Von den verbleibenden 15 Unternehmen berichten 14 in Anlehnung an die GRI-Richtlinien.
- Sämtliche Unternehmen des DAX-30 veröffentlichen – wenngleich in qualitativ sehr unterschiedlicher Form – Informationen zur Nachhaltigkeit. 23 Unternehmen berichten in Anlehnung an die GRI-Richtlinien.

Links

www.globalreporting.org

Hummel, K./Schlick, C. (2013): Zusammenhang zwischen Nachhaltigkeitsperformance und Nachhaltigkeitsberichterstattung – Legitimität oder finanzielle Überlegungen.

Opportunitätskosten und versunkene Kosten

Entscheidungsrelevanz ──── Kostenrechner müssen oft die monetären Auswirkungen von Entscheidungsalternativen aufzeigen, damit die Manager aus verschiedenen Alternativen die – gemessen an ihrer Zielsetzung – optimale auswählen können. Entscheidungsrelevant sind dabei lediglich Kosten und Erlöse, die mit der jeweiligen Handlungsalternative *variieren, zukünftig* entstehen und durch die zu treffende Entscheidung *beeinflussbar* sind (Relevanzprinzip).

> **Merke:** Wenn Entscheidungsalternativen aber nur unvollständig (d.h. nicht direkt über Zahlungen) im Kalkül erfassbar sind, müssen Opportunitätskosten in die Überlegungen einbezogen werden.

Opportunitätskosten ──── Opportunitätskosten sind zukunftsbezogen; sie basieren auf Antizipationen und sind geschätzte *entgangene Zahlungsüberschüsse* von Alternativen, die realisierbar wären, tatsächlich aber nicht gewählt werden.

Anwendung ──── Letztlich werden bei jeder Investitionsrechnung Opportunitätskosten in Form des Kalkulations- oder Kapitalkostensatzes berücksichtigt. Im Grunde geht man bei der Bewertung von Investitionsalternativen von einem Vergleich aus. Man sucht auf dem Kapitalmarkt eine Anlagemöglichkeit, die dieselben Zahlungscharakteristika aufweist wie die zu bewertende Investition. Üblicherweise wird dieser Vergleich indirekt – mit Hilfe zu erwartender Renditen – durchgeführt: Die mit der Investition verbundenen, erwarteten zukünftigen Zahlungen (Rückflüsse, Cashflows) werden mit einem die Alternativanlage am Kapitalmarkt repräsentierenden Zinssatz – die Alternativanlage selbst wird mit ihrem Zahlungsstrom gar nicht erfasst! – auf den Bewertungsstichtag bezogen. Der Marktwert ist also theoretisch nichts anderes als die Diskontierung zukünftiger, erwarteter Zahlungen mit adäquaten Kapitalkostensätzen (= Opportunitätskosten der Investition).

Beispiel ──── Angenommen, ein Unternehmen erhalte einen Auftrag für ein Produkt zu einem festgelegten Preis von 1.000 EUR, das in der gewünschten Rezeptur nicht mehr hergestellt wird. Das Auslaufprodukt befinde sich aber noch in einer ausreichenden Menge auf Lager, die Materialkosten zur Herstellung des Produkts betrugen 2.000 EUR. Soll das Unternehmen den Auftrag annehmen oder nicht? Offensichtlich hängt die Entscheidung nicht von den historischen, variablen Kosten des Produkts ab. Die Gretchenfrage ist vielmehr, was mit dem Lagerposten *alternativ* geschehen könnte. Gibt es eine zweite Offerte in Höhe von 1.500 EUR, sind das die relevanten Grenzkosten, die mit dem angebotenen Preis von 1.000 EUR verglichen werden müssen. Der Auftrag ist also abzulehnen. Anders verhält es sich, wenn der Lagerbestand nur noch entsorgt werden kann. Dann kann es sogar sein, dass die Opportunitätskosten negativ sind, weil die Kosten der Entsorgung durch den Auftrag eingespart werden können.

Versunkene Kosten ⸺ Aus dem Relevanzprinzip folgt auch, dass jene Kosten für die Entscheidung *irrelevant* sind, die unabhängig von der gewählten Alternative gleich bleiben. Eine Teilmenge der irrelevanten Kosten sind die «sunk costs» oder «versunkenen Kosten».

«Versunkene Kosten» sind Kosten aus Ressourcenbeschaffungen, die durch Entscheidungen in der Vergangenheit festgelegt wurden und durch gegenwärtige oder künftige Entscheidungen nicht mehr zu verändern (rückgängig zu machen) sind.

Merke: Da «versunkene Kosten» nicht mehr beeinflusst werden können, sind diese Kosten grundsätzlich irrelevant für die monetäre Beurteilung von Alternativen.

Beispiel ⸺ Ein Unternehmen investierte in der Vergangenheit 20 Mio. EUR in die Entwicklung von Software, die für die Realisierung einer neuen internetbasierten Geschäftsidee gedacht war und ansonsten wertlos ist. Diese 20 Mio. EUR sind aus heutiger Sicht versunkene Kosten und für zukünftige Entscheidungen (zum Beispiel, ob die neue Geschäftsidee tatsächlich umgesetzt werden soll) völlig irrelevant.

Merke: Sind Sie derjenige, der die Investitionsidee zu verantworten hatte, sind die versunkenen Kosten für Sie hochrelevant. Daher könnten Sie auch versucht sein, den Abbruch des Softwareprojekts möglichst lange hinauszuzögern (obwohl aus Unternehmenssicht nachteilig).

Literaturtipps

Coenenberg, A.G./Fischer, T.M./Günther, T. (2012): Kostenrechnung und Kostenanalyse.

Pareto-Prinzip

Grundidee ──── Der italienische Ökonom Vilfredo Pareto, der sich mit der Einkommensverteilung in Volkswirtschaften befasste, formulierte als erster die nach ihm benannte 80:20-Regel. Bei *volkswirtschaftlichen Verteilungen* liegt häufig eine (starke) Ungleichverteilung vor: Zum Beispiel entfällt 80% der Vermögen auf 20% der Haushalte. Auf Unternehmen übertragen gilt Ähnliches (wobei die Verhältnisse auch 70:30 oder 90:10 etc. lauten könnten): 20% der Kunden erzeugen 80% des Umsatzes, in 20% der Zeit werden 80% der Aufgaben erledigt oder 80% des Umsatzes gehen auf 20% der Produkte zurück (siehe auch ▷ «ABC-Analyse»).

Merke: Das Pareto-Prinzip ist die Erkenntnis, dass sich ein Phänomen in der Regel durch wenige – aber entsprechend wichtige – Einzelparameter (Ursachen) beschreiben (erklären) lässt. Diese wenigen wichtigen Parameter (Ursachen) muss man jedoch zuverlässig kennen, um von ihnen auf das Gesamte schließen zu können.

Anwendung ──── Eine typische Anwendung ist die ständig wiederkehrende Berichterstattung wie der *Monats(schnell)bericht,* bei dem unter hohem Zeitdruck und mit vorläufigen, geschätzten Daten Umsätze und Ergebnisse mit relativ hoher Zielgenauigkeit veröffentlicht werden müssen. Diese Aufgabe stellt eigentlich die Quadratur des Kreises dar, denn kurzfristig – etwa am dritten Arbeitstag eines Monats – stehen noch keine oder nur wenige gebuchte und damit endgültige Zahlen des Vormonats fest. Ein solcher Schnellbericht wird nur dadurch ermöglicht, dass man sich auf die wesentlichen Einflussfaktoren konzentriert und deren Daten mit entsprechendem Aufwand plausibel schätzt.

Beispiel ──── Dazu sei im Folgenden ein typisches Beispiel aus einem Konzern mit Matrixstruktur dargestellt. Die Profit-Center – wie Unternehmensbereiche – sind weltweit quer über die Konzerngesellschaften ergebnisverantwortlich. Gegeben sei ein Unternehmensbereich mit 33 Gesellschaften (siehe Abbildung). Für einen Monatsschnellbericht an die Geschäftsleitung müssen bis zum dritten Arbeitstag nach Berichtsmonat Umsatz und Ergebnis des Bereichs gemeldet werden. Dazu müsste man eigentlich die geschätzten Daten von *allen* Gesellschaften abfragen und aggregieren. Das ist eine unlösbare Aufgabe.

Statt bis zum dritten Arbeitstag alle 33 Gesellschaften zu berücksichtigen – was weltweit selten funktioniert –, konzentriert man sich auf die *wenigen wichtigen* Gesellschaften; im folgenden Beispiel sind das sieben Gesellschaften (Top 7). Das Bereichscontrolling unterhält zu diesen sieben einen «heißen Draht». Diese sind in der Regel die professionellsten und können einen schnellen vorläufigen Abschluss vorlegen.

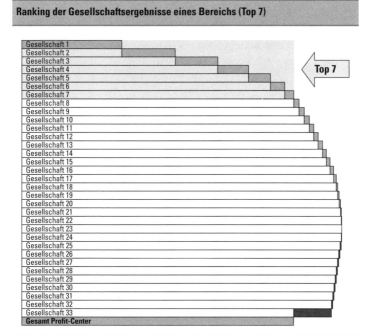

Ranking der Gesellschaftsergebnisse eines Bereichs (Top 7)

Aus den Daten dieser ersten sieben Gesellschaften (die Länge der Balken entspricht den kumulierten Betriebsergebnissen von Gesellschaft 1 bis 33) kann man auf die Gesamtentwicklung des Bereichs schließen. Die Fehlerquote bei derartigen Schnellschätzungen ist ausreichend klein, die Genauigkeit also relativ hoch.

Im obigen Beispiel tragen diese ersten sieben Gesellschaften *zufällig* genauso viel zum Ergebnis bei wie der gesamte Bereich. Die übrigen Gesellschaften saldieren sich zu null. Eine derartige Struktur ist relativ stabil, zumindest über Monate, muss jedoch auf Basis der Ist-Berichterstattung (Monats- und Quartalsabschlüsse) ständig neu «eingemessen» werden.

Literaturtipps

Koch, R. (1998): Das 80-20-Prinzip. Mehr Erfolg mit weniger Aufwand.

Planergebnisrechnung

Ausgangslage ——— Im Rahmen der jährlich rollierenden operativen Planungen – in der Regel (mittelfristige) *Dreijahres- oder Fünfjahresplanungen* – und bei projektbezogenen Investitions- und Wirtschaftlichkeitsrechnungen sind regelmäßig Planergebnisrechnungen zu erstellen und vom Management zu beurteilen und zu verabschieden. Unabhängig vom Planungsansatz – d.h. Planung aller Detaildaten von unten nach oben verdichtet (bottom up) oder direkt aggregiert über Strukturgrößen (top down) – wird mit jeder Planung versucht, ein rentables und plausibel strukturiertes Profit-Center zu «simulieren».

Vorgehensweise ——— Geht man von einem laufenden Geschäft aus, erfordert eine Planung sowohl die Analyse der Ist-Situation als auch die Vorgabe einer realistischen Ziel-Rendite. Diese bilden den Ausgangspunkt der Planergebnisrechnung. Sodann sind Maßnahmen abzuleiten, welche die Erreichung der Ziel-Rendite plausibel machen.

> **Merke:** Ohne die Herleitung von Maßnahmen kann es keine vernünftige Planung geben. Letztlich sind drei Komponenten wichtig: Ziele – Aktionen – Kennzahlen, wobei Letztere nur dazu dienen zu überprüfen, ob man auf dem richtigen Weg ist. Kennzahlen ohne Ziele und Maßnahmen sind nutzlos.

Beispiel ——— Im nachfolgenden Cockpit sind als Schwachstellen der Periode 0 die Menge, die Fixkosten und die variablen Stückkosten – im Wesentlichen die Rohstoffkosten – erkannt. Top down und abgeleitet zum Beispiel aus Benchmark-Ergebnissen sowie den Rahmenbedingungen des Marktes werden von der Bereichsleitung eine Ziel-Umsatzrendite von 25% und eine Kapitalrendite von über 45% festgelegt. Um diese Zielstruktur zu erreichen, werden von der Profit-Center-Leitung folgende Planungsvorgaben gemacht (inflationsneutral, d.h. heutige Verkaufs- und Faktorpreise inklusive Lohn- und Gehaltssätze, Reparatursätze etc., aber unter Berücksichtigung explizit geplanter Preisänderungen, wie zum Beispiel niedrigerer Einkaufspreise durch geplanten Wechsel des Lieferanten):

- Aufbau der Menge von 1.000 Tonnen auf 1.500 Tonnen
- moderater Fixkostenaufbau um 10 Mio. EUR, d.h. Senkung auf 40% vom Umsatz
- Senkung der Rohstoffkosten um 5 EUR/kg, d.h. Erhöhung der DB-Rate auf 65% vom Umsatz
- unveränderte Kapitalbindung.

Planergebnisrechnung (Beispiel)

in 1.000 EUR	Ist	Plan					
Perioden	0	1	2	3	4	5	Ziel
Menge in Tonnen	1.000	1.100	1.200	1.300	1.400	1.500	1.500
Verkaufspreis EUR/kg	100,00	100,00	100,00	100,00	100,00	100,00	100,00
Nettoumsatz (NU)	100.000	110.000	120.000	130.000	140.000	150.000	150.00
Betriebsergebnis (BE)	10.000	15.100	24.000	28.500	33.000	37.500	37.500
Umsatzrendite (BE in % vom NU)	*10,0*	*13,7*	*20,0*	*21,9*	*23,6*	*25,0*	*25,0*
Break-even (Umsatz)	83.333	85.246	83.077	86.154	89.231	92.308	92.308
Break-even (Menge)	833	852	831	862	892	923	923
Fixkosten (bis BE)	**50.000**	**52.000**	**54.000**	**56.000**	**58.000**	**60.000**	**60.000**
in % vom NU	*50,0*	*47,3*	*45,0*	*43,1*	*41,4*	*40,0*	*40,0*
Variable Kosten	40.000	42.900	42.000	45.500	49.000	52.500	52.500
in % vom NU	*40,0*	*39,0*	*35,0*	*35,0*	*35,0*	*35,0*	*35,0*
EUR/kg	**40,00**	**39,00**	**35,00**	**35,00**	**35,00**	**35,00**	**35,00**
Deckungsbeitrag (DB 1)	60.000	67.100	78.000	84.500	91.000	97.500	97.500
in % vom NU	*60,0*	*61,0*	*65,0*	*65,0*	*65,0*	*65,0*	*65,0*
Betriebsnotwendiges Kapital (BNK)	**80.000**	**80.000**	**80.000**	**80.000**	**80.000**	**80.000**	**80.000**
Kapitalrendite (BE in % vom BNK)	*12,5*	*18,9*	*30,0*	*35,6*	*41,3*	*46,9*	*46,9*
Kapitalumschlag (NU/BNK)	1,25	1,38	1,50	1,63	1,75	1,88	1,88

Fixkostenstruktur	in 1.000 EUR		in % vom NU		Schwachstellen
	Periode 0	Ziel	Periode 0	Ziel	
■ Versandkosten	2.000	3.000	2,0	2,0	☒ Menge
■ Vertriebskosten	9.000	12.000	9,0	8,0	☒ Fixkosten
					☐ Preis
■ Fertigungskosten	31.000	33.000	31,0	22,0	☒ Variable Kosten
■ Overheadkosten	8.000	12.000	8,0	8,0	☐ Kapitalbindung

Maßnahmen zur Erreichung dieser Ziele könnten sein:

- Menge: Intensivierung Vertrieb
- Fixkosten: unterproportionaler Aufbau in Vertrieb (+3 Mio. EUR) und Fertigung (+2 Mio. EUR) sowie proportionaler Aufbau in Versand (+ 1 Mio. EUR) und im Overhead (+4 Mio. EUR)
- Rohstoffkosten: Forschungsprojekt zur Ausbeuteverbesserung (–4 EUR/kg) sowie bessere Einkaufskonditionen (–1 EUR/kg)
- verbessertes Vorrats- und Forderungsmanagement (unverändertes betriebsnotwendiges Kapital trotz steigendem Umsatz).

Die Ergebnisplanung könnte dann wie im Cockpit oben (Periode 1 bis 5) zusammengefasst aussehen. Die Absatzsteigerungen und Fixkostenanpassungen erfolgen kontinuierlich. Das genannte Forschungsprojekt zur Ausbeuteverbesserung wird in Periode 2 wirksam, bessere Einkaufspreise bereits in Periode 1. Das Profit-Center wächst so kontinuierlich und in plausiblen Teilschritten in die Zielstruktur hinein, zumindest in der Planung.

Plausibilität von Daten

Ausgangslage ──── Für Daten der Vergangenheit sind nicht plausible Daten ein Hinweis auf mögliche Buchungsfehler. Für geplante, prognostizierte Daten stellt sich die Frage von richtig und falsch – im quantitativen Sinn – immer erst nach Ablauf der Perioden, also im Nachhinein. Man kann jedoch – aus Erfahrung und dem Verlauf der Vergangenheit – die Plausibilität zukünftiger Daten untersuchen. Hierfür stehen verschiedene Möglichkeiten zur Verfügung.

Historische Daten ──── (Repräsentative) Zahlen aus Vorperioden sind tatsächlich eingetreten und beschreiben ein Profit-Center eindeutig für die vergangenen Perioden. Sofern diese vorhanden sind, sollten daher grundlegende Datenstrukturen aus der Vergangenheit – wie beispielsweise Fixkosten- und DB-Raten sowie Kapitalumschlag – für die Beurteilung eines Profit-Centers bei einer Planung zukünftiger Perioden Berücksichtigung finden. Drastische Abweichungen zwischen den Ist-Daten aus der Vergangenheit und den geplanten Daten müssen kritisch hinterfragt werden, da sie wertvolle Hinweise auf Planungsfehler liefern können. Die Beurteilung der Plausibilität von Daten auf Basis der Historie eignet sich insbesondere für die Umsatz- und Kostenentwicklung einer zu erweiternden Produktlinie. Für Neugeschäfte können jedoch kaum historische Daten herangezogen werden.

Qualitative Prüfung ──── Einen Hinweis auf die Plausibilität von Plandaten erhält man jedoch, indem man die Größenordnung einer Investition für eine *gegebene* Geschäftstätigkeit oder umgekehrt das «rentable» Geschäftsvolumen für ein *vorgegebenes* Anlagevermögen aus dem branchentypischen oder produktspezifischen Kapitalumschlag abschätzt.

Quantitative Prüfung ──── Insbesondere bei Investitionsrechnungen für Neugeschäfte oder Szenarien einer Sanierung sind im Rahmen der Planung *Hockey-Stick-Effekte* bekannt. Sie sind typisch für unrealistische Planungsvorgaben (vgl. Abbildung). In diesem Fall haben – nach einer Kapazitätserweiterung im Jahr 4 – die jährlich rollierenden Fünfjahresabsatzpläne stets einen zu optimistischen Verlauf. Derartige Planungen sind unrealistisch, als solche leicht zu erkennen und sollten korrigiert werden.

> **Merke:** Bei der Abwägung, welches Datenmaterial zur Absicherung einer Entscheidung herangezogen werden soll, muss stets die Frage nach der *Plausibilität* des Datenmaterials gestellt werden.

Beispiel:

In einer vorgegebenen Produktlinie wurden in den letzten Perioden zwischen 800 und 1.000 Tonnen eines Produkts bei einem Verkaufspreis von 10 EUR/kg abgesetzt. Die Fixkosten betrugen zwischen 4 und 4,4 Mio. EUR, die variablen Stückkosten lagen konstant bei 3 EUR/kg und das Anlagevermögen beinhaltete Vermögen im Wert von rund 8 Mio. EUR. Für ein verbessertes Produkt mit einem neuen Verfahren geht man von einem Marktpreis von 12 EUR/kg aus, bei dem zusätzlich 500 Tonnen abgesetzt werden können. Das wäre ein zusätzlicher Umsatz von 6 Mio. EUR. Was ist das *angemessene, zu investierende Anlagevermögen?* Man kann davon ausgehen, dass der Kapitalumschlag für eine vergleichbare Technologie sich in ähnlicher Größenordnung bewegen wird. Legt man hier eine Bandbreite von zum Beispiel 1,25 (bester Wert aus den letzten Perioden: 10 Mio. EUR Umsatz dividiert durch 8 Mio. EUR Anlagevermögen) bis 1,5 (Höherschätzung des Kapitalumschlags aufgrund technologischen Fortschritts) an, kommt man auf eine Investition in der Größenordnung von 4 bis 5 Mio. EUR. Bei einer Investition von 3 bis 2 Mio. EUR und einem Umsatz von 6 Mio. EUR ergäbe sich ein Plan-Kapitalumschlag von 2 bis 3. Solche technologischen Sprünge sind nicht ausgeschlossen, jedoch sehr unwahrscheinlich.

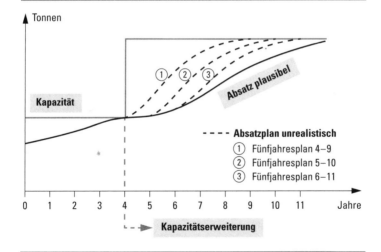

Hockey-Stick-Effekt (Kapazitäts- und Absatzentwicklung)

———————————————————————— Literaturtipps

Peters, G./Pfaff, D. (2011): Controlling.

Preisuntergrenze

Grundsätze Die Preisuntergrenze eines Produkts oder einer Leistung ist – allgemein formuliert – der kritische Preis, zu dem ein Unternehmen gerade noch bereit ist, dieses Produkt oder diese Leistung anzubieten. Die Preisuntergrenze kann je nach Ausgangslage des Unternehmens variieren. Befindet sich das Unternehmen in einer Unterauslastung, erhöht jeder Auftrag, der mindestens seine Grenzkosten (variablen Kosten) verdient, den Gewinn. Das gilt selbstverständlich nur, solange die (kurzfristigen) Preiszugeständnisse keine negativen *Spill-over-Effekte* auf die zukünftige Preisgestaltung haben. Langfristig kann sich ein Unternehmen aber Preise in der Nähe der variablen Kosten nicht leisten, da zusätzlich die Fixkosten gedeckt werden müssen. Auch soll eine Ziel-Rendite erwirtschaftet werden.

Daher wird – bei unterstellter *repräsentativer Normalbeschäftigung* – der Angebotspreis bei Auftragsfertigung so festgelegt, dass bei Ansatz der variablen Stückkosten des Produkts und der Überwälzung der Standard-Fixkosten der Produktlinie gerade die Ziel-Rendite erreicht wird (vgl. Abschnitt 4.8).

Wie sollte sich aber ein Unternehmen verhalten, wenn aus laufenden Aufträgen die Kapazitäten ausgelastet sind und ein Kunde eine weitere Bestellung aufgibt? Das Unternehmen hat die Wahl, diesen Zusatzauftrag (zunächst) abzulehnen, das Produktionsprogramm zugunsten dieses Auftrags einzuschränken oder andere Aufträge zu verschieben.

Preisuntergrenze bei knapper Kapazität Im Rahmen *vorhandener Kapazitäten* ist grundsätzlich die Summe der Deckungsbeiträge zu maximieren. Die Fixkosten sind für die Entscheidung irrelevant. Sie fallen – bis zur Kapazitätsgrenze – unabhängig davon an, ob der Auftrag zustande kommt oder nicht.

> **Merke:** Um bei knapper Kapazität die richtige Entscheidung zu treffen, ist der *Deckungsbeitrag pro Einheit des Engpassfaktors* (zum Beispiel Fertigungszeit in Stunden) heranzuziehen.

Ein selbständig tätiger Consultant entscheidet beispielsweise bei der Frage, ob der Auftrag eines Gutachtens anzunehmen ist, ja auch nicht auf Basis des offerierten absoluten Honorars, sondern basiert seine Entscheidung auf dem Stundenlohn, also dem Honorar pro Engpasseinheit (hier die Arbeitsstunde), und der Frage, ob andere

Aufträge stattdessen zurückgestellt oder sogar noch abgelehnt werden können.

Der Deckungsbeitrag hängt vom Absatzpreis des Produkts und von den Beschaffungspreisen der benötigten variablen Inputfaktoren ab. Die *Preisuntergrenze* des Zusatzauftrags entspricht dann der Höhe der variablen Stückkosten zuzüglich der durch die Aufnahme des Zusatzauftrags verdrängten Deckungsbeiträge.

Beispiel ⎯⎯⎯ Die Produkte A bis D kennzeichnen das derzeitige Sortiment. Die Kapazität ist auf 1.155 Stunden beschränkt. Der Bereich erhält die Anfrage, einen Zusatzauftrag über 200 ME zu variablen Kosten in Höhe von 6,50 EUR je ME und einer beanspruchten Kapazität von 0,9 Std. je ME zu übernehmen.

Ranking	Menge [ME] [1]	DB/Menge [EUR/ME] [2]	Beanspruchte Kapazität/Menge [Std./ME] [3]	DB/Engpasseinheit [EUR/Std.] [4] = [2]/[3]
Produkt A	300	10	1,1	9,09
Produkt B	100	9	0,85	10,59
Produkt C	200	12	1,3	9,23
Produkt D	400	10	1,2	8,33
Zusatzauftrag	200	Gesucht	0,9	

Den niedrigsten Deckungsbeitrag pro Anlagenstunde erzielt Produkt D mit 8,33 EUR je Stunde. Unter kostenrechnerischen Gesichtspunkten ist es also sinnvoll, die benötigte Kapazität von 180 Std. des Zusatzauftrags durch Zurückstellen von 150 ME von Produkt D zu beschaffen. Der Verzicht lohnt sich aber nur dann, wenn der Zusatzauftrag einen Preis mindestens in Höhe seiner variablen Kosten von 6,50 EUR/ME zuzüglich der Opportunitätskosten in Höhe des verdrängten Deckungsbeitrags von 7,50 EUR/ME (= 8,33 EUR/Std. · 0,9 Std./ME) erbringt. Die absolute Preisuntergrenze für den Zusatzauftrag liegt somit bei 2.800 EUR bzw. 14 EUR/ME des Zusatzauftrags.

⎯⎯⎯⎯⎯⎯⎯⎯⎯⎯⎯⎯⎯⎯⎯⎯⎯ **Literaturtipps**

Coenenberg, A.G./Fischer, T.M./Günther, T. (2012): Kostenrechnung und Kostenanalyse.

Weber, J./Schäffer, U. (2014): Einführung in das Controlling.

Prozesskostenrechnung

Ausgangslage ―― Tätigkeiten und Bereiche, die der unmittelbaren Leistungserstellung vor- oder nachgelagert sind, haben in vielen Unternehmen eine große Bedeutung. Den dort anfallenden Gemeinkosten gilt das Hauptinteresse der Prozesskostenrechnung. Ziel ist es, Kostentransparenz zu schaffen und die Frage zu beantworten, was die Gemeinkosten wesentlich treibt und wie die Kosten durch Prozessveränderungen beeinflusst und optimiert werden können.

Kernidee ―― Grundlegend für die Prozesskostenrechnung ist die Annahme, dass Bezugsobjekte (zum Beispiel Produkte und Kunden, aber auch Lieferanten und Beschaffungswege) Kosten verursachen, indem sie Aktivitäten, Teil- oder Hauptprozesse beanspruchen, die ihrerseits wiederum Ressourcen verzehren. Aktivitäten und Teilprozesse sind dabei üblicherweise Vorgänge, die in einer Kostenstelle oder Abteilung ablaufen, Hauptprozesse werden hingegen kostenstellenübergreifend definiert. Dies bedeutet, dass Unternehmen nicht mehr nur vertikal nach Kostenstellen (Kostenplätzen oder Abteilungen) gegliedert und betrachtet, sondern (auch) horizontal nach Prozessen «durchschnitten» werden. Die Abbildung verdeutlicht diese Sichtweise am Beispiel der Beschaffung.

Merke: Mit der Prozesskostenrechnung wird es möglich, Kosten nicht nur kostenstellenorientiert, sondern auch in Bezug auf wichtige Querschnittsfunktionen und -aufgaben zu planen, zu kontrollieren und zu steuern.

Vorgehensweise ―― Die Prozesskostenrechnung kann in vier Schritte unterteilt werden:

1. Abgrenzung der Prozesse: Ausgehend von den verschiedenen Tätigkeiten in den einzelnen Kostenstellen lassen sich Prozesse identifizieren.
2. Zuordnung der Prozesskosten: Die in den Kostenstellen anfallenden Kosten werden auf Teilprozesse verrechnet und zu Hauptprozesskosten verdichtet.
3. Festlegung der Kostentreiber: Für jeden Prozess werden Maßgrößen der Kostenverursachung festgelegt.
4. Ermittlung der Prozesskostensätze: Durch Division der Prozesskosten durch die Prozessmenge (gemessen über die Kostentreiber) erhält man den Prozesskostensatz.

5. **Prozesskostenbasierte Kalkulation:** Die Prozesskostensätze stellen den Ausgangspunkt für die Verrechnung der Prozesskosten auf die Produkte dar.

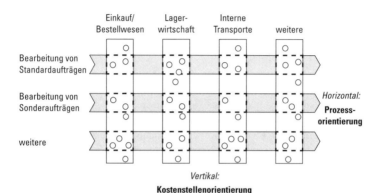

Praxistipps

Praxisbeispiele aus dem *Beschaffungsbereich* zeigen anschaulich, dass unter anderem Teilevielfalt und Lieferantenanzahl wesentliche Kostentreiber darstellen und dass deren Reduktion zu Kosteneinsparungen führen kann. Beschaffungskosten lassen sich mindern, wenn durch Volumenerhöhungen je Lieferant aus vielen C- und B-Lieferanten einige wenige A-Lieferanten werden. Analoges gilt für die Durchführung einer Teilereduktion, wenn es etwa gelingt, die Zahl der Rahmenverträge zu verringern, niedrigere Einstandspreise aufgrund höherer Stückzahlen zu vereinbaren oder den Aufwand für die Pflege der Lagerdaten zu senken.

Literaturtipps

Coenenberg, A.G./Fischer, T.M./Günther, T. (2012): Kostenrechnung und Kostenanalyse.

Quantitative Risikobetrachtung bei Investitionsprojekten

Ausgangslage ——— Bei Investitionsprojekten mit größeren Risiken – zum Beispiel neue Produkte oder neue Märkte – kann durch ein Worst-Case-Szenario das Risiko einer Fehlentscheidung eingegrenzt werden. Eine wichtige «Nebenrechnung» von Wirtschaftlichkeitsexpertisen gilt deshalb der *Sensitivität* der Projektrendite bezüglich der Veränderung zentraler Steuerungsgrößen. Zu diesen zählen Verkaufspreis, Absatzmenge, Fixkosten, variable Stückkosten und Kapitalbindung.

> **Merke:** In der Praxis hat es sich bewährt, die zentralen Steuerungsgrößen im Rahmen von Planergebnisrechnung (vgl. ▷ «Sensitivität von Daten») und Investitionsrechnung in einer Risikobetrachtung zum Beispiel um 10% ungünstiger als in der Basisplanung anzusetzen. Bleibt die Plan-Rendite in diesen Szenarien noch relativ stabil im Zielfeld, erscheinen die Risiken überschaubar. Fällt sie jedoch bei einer Schlechterstellung von «nur» 10% bei einer der Sensititvitätsfaktoren unter eine kritische Schwelle, sind die Risiken für eine Durchführung der Investition (zu) hoch. Weitere Risiken betreffen die Lebensdauer und die Verzögerung der Rückflüsse der Investition nach Inbetriebnahme.

Beispiel ——— Die nachfolgende Abbildung zeigt ein rentables Investitionsprojekt mit einem Planungszeitraum von 5 Jahren. Der Kalkulationszinssatz beträgt 10%. Der Reale Zinsfuß ist mit 21,3% überdurchschnittlich hoch, die Amortisationszeit beträgt etwas mehr als 3 Jahre.

Reduziert sich die Laufzeit des Projekts von 5 auf 4 Jahre – fällt also der Rückfluss der Periode 5 weg –, sinkt die Rendite (Realer Zinsfuß) von 21,3% auf 17,9%. Wenn sich dagegen die Inbetriebnahme der Anlage um ein Jahr verzögert – d.h. noch keine Rückflüsse in Periode 1 –, dann sinkt die Rendite auf nur noch 16,9%, die Pay-back-Dauer verlängert sich gleichzeitig auf 3,9 Jahre. Dieser letzte Fall tritt in der Praxis häufiger auf, weil das Management die Rückflüsse in der Anfangsphase (zum Beispiel die Inbetriebnahme einer Produktionsanlage) regelmäßig zu optimistisch einschätzt, um die Genehmigung des Projekts nicht zu gefährden. Dieser Gefahr sollte aber auch dadurch begegnet werden, dass die Schätzungen des Managements so früh wie möglich auf Plausibilität geprüft werden (▷ «Plausibilität von Daten»).

Jahr	Anfangsauszahlung (Periode 0) und Rückflüsse	Sensitivität Planungszeitraum 4 statt 5 Jahre	Sensitivität Rückflussausfall im Jahr 1
0	−10	−10	−10
1	+3	+3	0
2	+4	+4	+4
3	+5	+5	+5
4	+5	+5	+5
5	+5	0	+5
Kapitalwert (NPV)	6,31	3,20	3,58
Realer Zinsfuß	21,3%	17,9%	16,9%
Pay-back-Dauer	3,1	3,1	3,9

* Kalkulationszinssatz (Hurdle Rate) = 10%

Literaturtipps

Peters, G./Pfaff, D. (2011): Controlling.

Volkart, R./Wagner, A.F. (2014): Corporate Finance.

Reale Zinsfußmethode

Ausgangslage ——— Bei mehrjährigen Investitionsprojekten muss die gesamte Wertentwicklung der Investition (Rückflüsse) inklusive Zins und Zinseszins bei der Berechnung ihrer Vorteilhaftigkeit berücksichtigt werden. Als Beurteilungsgrundlage kommen unseres Erachtens vor allem die ▷ «Kapitalwertmethode (Net Present Value)» und die ▷ «Reale Zinsfußmethode» (nach Baldwin) in Betracht. Allerdings macht der Kapitalwert keine Aussage zur Verzinsung oder Rendite der betrachteten Investitionen: Um wie viel Prozentpunkte liegt die Rendite über dem Kalkulationszinsfuß? Eine Antwort auf diese Frage ist nützlich, weil man auf diese Weise schnell und praktisch Vergleiche ziehen kann. Eine naheliegende Möglichkeit, wie man die Rendite einer mehrperiodigen Realinvestition ermitteln kann, ist, analog zur Ermittlung der (geometrischen) Durchschnittsrendite einer Finanzinvestition vorzugehen.

Kernidee ——— Die Reale Zinsfußmethode fragt nach der Rentabilität einer Investition und geht dazu in zwei Schritten vor: Zunächst werden die Rückflüsse im Gegensatz zur Kapitalwertmethode nicht diskontiert, sondern auf den Endzeitpunkt (also das Ende der geplanten Nutzungsdauer) aufgezinst. Hierbei wird ein Wiederanlagezinssatz $i_{(w)}$ verwendet. Dies ist das *tatsächlich* im Unternehmen gegebene Wiederanlageniveau, zu dem sich – so ist die Prämisse der Zinseszinsformel – die Cashflows aus der Investition wiederanlegen lassen. Auf diese Weise erhält man den Endwert der Rückflüsse E_T. Im zweiten Schritt wird die Rendite der Investition ermittelt, indem man nach dem Diskontierungszinssatz $i_{(a)}$ fragt, der den Barwert des Endwerts mit der Anfangsauszahlung A_0 gleichsetzt.

$$A_0(1 + i_{(a)})^T = E_T$$

$$i_{(a)} = \sqrt[T]{\frac{E_T}{A_0}} - 1$$

Der so errechnete Zinsfuß $i_{(a)}$ – der Reale Zinsfuß – ist die gesuchte *geometrische Durchschnittsrendite* der Investition (in der Literatur auch als *Baldwin-Zins* bekannt). Um die Vorteilhaftigkeit festzustellen, muss $i_{(a)}$ mit dem von der Unternehmensleitung vorgegebenen Mindestzinsfuß (Hurdle Rate oder Kalkulationszinssatz) $i_{(h)}$ verglichen werden. Der Theorie gemäß lohnt sich eine Investition nur für $i_{(a)} \geq i_{(h)}$.

Beispiel ──── Betrachtet werden zwei Realinvestitionen A und B, die beide eine Anfangsauszahlung von insgesamt 700 GE im Betrachtungszeitpunkt (Periode 0) erfordern. Von beiden Projekten kann nur eines realisiert werden. In den Perioden 1 bis 3 erfolgen die Rückflüsse. Der Reale Zinsfuß zeigt, dass beide Projekte rentabel sind ($i_{(a)} > i_{(h)}$). Zudem wird deutlich, *wie* rentabel beide Projekte sind: Bei Projekt A verzinst sich die Anfangsinvestition (inklusive Zins und Zinseszins) jedes Jahr mit einem durchschnittlichen Zinssatz von 15,3%, bei Projekt B mit einem durchschnittlichen Zinssatz von 14,1%.

Periode	Projekt A		Projekt B	
	Rückflüsse	Endwert*	Rückflüsse	Endwert*
1	200	242	100	121
2	300	330	200	220
3	500	500	700	700
Summe	1.000	1.072	1.000	1.041
Anfangsauszahlung in Periode 0		700		700
Realer Zinsfuß $i_{(a)}$	$i_{(a)} = \sqrt[3]{\frac{1.072}{700}} - 1$	**15,3%**	$i_{(a)} = \sqrt[3]{\frac{1.041}{700}} - 1$	**14,1%**

* Wiederanlagezinssatz = Kalkulationszinssatz ($i_{(w)} = i_{(h)} = 10\%$)

Diskontiert man die beiden Endwerte von 1.072 und 1.041 auf den heutigen Betrachtungszeitpunkt (Periode 0), so erhält man wieder die Summe der Barwerte der Rückflüsse (806 bei Projekt A und 782 bei Projekt B) und durch Abzug der Anfangsauszahlung den Kapitalwert (106 bei Projekt A und 82 bei Projekt B).

──────────────────────────── **Praxistipps**

Bei gleicher Hurdle Rate stimmen die klassische Kapitalwertmethode und die Reale Zinsfußmethode im Ergebnis überein. Will man statt des heutigen Mehrwerts aus einer Investition deren Rendite wissen, verwendet man sinnvollerweise die Reale Zinsfußmethode und gerade nicht den internen Zinsfuß, der die interne Verzinsung angibt, um rechnerisch einen Kapitalwert (Net Present Value) von null zu erhalten.

──────────────────────────── **Literaturtipps**

Peters, G./Pfaff, D. (2011): Controlling.

Return on Capital Employed (ROCE)

Ausgangslage ▬▬▬ Der Return on Capital Employed (ROCE) gibt die Verzinsung des beschäftigten Kapitals an. Dabei stellt sich die Frage, wie das beschäftigte Kapital definiert ist und mit welcher Ergebnisgröße die Rendite zu ermitteln ist. Auch wenn jedes Unternehmen und jede Branche unterschiedliche Kapital- und Kostenstrukturen aufweisen, so gibt es Grundschemata, die in Theorie und Praxis zur Kennzahlenermittlung herangezogen werden können.

Vorgehensweise ▬▬▬ Das *beschäftigte Kapital* beinhaltet im Wesentlichen Sachanlagen und immaterielle Vermögensgegenstände (zum Beispiel Patente, Lizenzen, Goodwill) sowie Vorräte und Forderungen aus Lieferungen und Leistungen. Darüber hinaus wird das zinslose Fremdkapital (Abzugskapital), das im Regelfall aus den Verbindlichkeiten aus Lieferungen und Leistungen sowie den kurzfristigen Rückstellungen besteht, abgezogen.

Als Ergebnisgröße hat sich das Ergebnis der Betriebstätigkeit durchgesetzt, das in der Regel dem EBIT (Earnings Before Interest and Taxes) entspricht (vgl. nachfolgende Gliederung).

	Nettoumsatz
−	variable Kosten
=	Deckungsbeitrag 1 (DB 1)
−	Fixkosten 1
=	**Bruttobetriebsergebnis (= DB 2)**
−	Fixkosten 2 (= Overhead)
=	**Betriebsergebnis**
+	sonstiges betriebliches Ergebnis
=	**Ergebnis der Betriebstätigkeit (= EBIT)**
+	Finanzergebnis
=	**Ergebnis vor Steuern**
−	Direkte Steuern
=	**Ergebnis nach Steuern**

Damit das Verhältnis aus Ergebnis und Kapital auch wirklich aussagekräftig ist, müssen Zähler und Nenner der Renditeformel zueinander passen. Enthält die Ergebnisgröße zum Beispiel die Ergebnisse aus Beteiligungen, dann ist es zwingend notwendig, dass die Kapitalgröße um den Wert der Beteiligungen ergänzt wird. Sonst wird eine zu hohe Rendite ausgewiesen.

Steuerung mittels ROCE ▬▬▬ Durch Erweiterung der ROCE-Formel mit dem Umsatz kann der ROCE als *DuPont-Schema* dargestellt werden (siehe nachfolgende Abbildung).

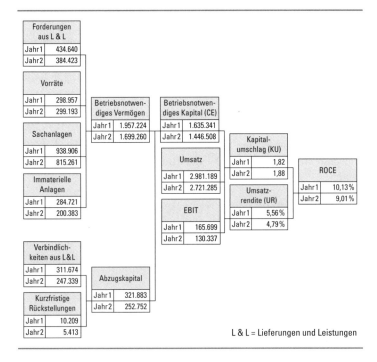

L & L = Lieferungen und Leistungen

_____ **Praxistipps**

Grundsätzlich ist die Verwendung von Renditekennzahlen als alleinige Performancemaße zur dezentralen Steuerung des Bereichsmanagements problematisch, da die Gefahr von Über- oder Unterinvestitionsanreizen bestehen kann. Ausgehend von einem Ziel-ROCE in Höhe von beispielsweise 14% und einem bestehenden Projekt mit einem ROCE in Höhe von 16%, würde das bereichsverantwortliche Management bei alleiniger Beurteilung am ROCE ein Projekt mit einem ROCE in Höhe von beispielsweise 15% nicht durchführen, da dies ein Absinken des ROCE bewirkt. Aus Gesamtunternehmenssicht ist jedoch bei ausreichend zur Verfügung stehendem Kapital die Durchführung dieses Projekts vorteilhaft, da der ROCE über dem geforderten Ziel-ROCE liegt. Die Zielfunktion eines Unternehmens sollte sich daher an Übergewinngrößen wie dem Economic Value Added (EVA®) orientieren.

_____ **Literaturtipps**

Coenenberg, A.G./Fischer, T.M./Günther, T. (2012): Kostenrechnung und Kostenanalyse.

Peters, G./Pfaff, D. (2011): Controlling.

Risikocontrolling

Grundproblem ──── Unternehmerisches Handeln ist stets mit Risiken verbunden. Wertorientiertes Controlling heißt daher immer auch *Risikocontrolling*, das vollständig in den bereits vorhandenen unternehmerischen *Planungs-, Informations- und Kontrollprozess* eingebettet sein sollte. Das Controlling ist als Drehscheibe dieses Prozesses entsprechend gefordert. Dies bedeutet zum Beispiel, dass in der operativen Planung neben den originären Größen wie Absatz- und Umsatzzahlen, Produktionsdaten und Kostenbudgets, Erfolgs-, Investitions- und Finanzzahlen die damit einhergehenden Risiken (einschließlich der Chancen) einheitlich erfasst und berücksichtigt werden.

Wichtige Risikofelder ──── Für die Risikosteuerung ist es unerlässlich, periodisch über die wesentlichen Risikofelder nachzudenken und sich unter anderem die folgenden Fragen zu stellen, die aber nur Beispiele sind und keinen Anspruch auf Vollständigkeit erheben können:

- *Markt:* Technologiesprünge mit Auswirkungen auf die eigene Wettbewerbsfähigkeit? Innovative Produkte oder reiner Preiswettbewerb? Starke Preisschwankungen bei Rohstoffen und Vorprodukten?
- *Produktion:* Anfälligkeit wegen einzelner Komponenten oder Rohstoffe? Fehlerhäufigkeit? Kostenintensive Erneuerung der Anlagen?
- *Absatz:* Alle wichtigen Kundengruppen identifiziert? Häufige Transportschäden? Kundenreklamationen? Wichtige Liefer- und Abnahmeverträge? Abhängigkeit von einzelnen Kunden?
- *Liquidität:* Werden Zahlungsziele der Kunden eingehalten? Verschlechterung der Liquidität und Bonität in naher Zukunft? Werden potenzielle Zahlungsausfälle einzelner Kunden zum Problem?
- *Beschaffung:* Abhängigkeit von einem oder wenigen Lieferanten? Rohstoffe ersetzbar oder aus anderen Quellen beziehbar? Lagerkosten?
- *Rechtliche Risiken:* Änderungen der Rechtsprechung relevant? Verträge rechtssicher? Lücken bei eigenen Eigentumsvorbehalten? Risiken aus Umweltauflagen, Handelsbeschränkungen, Produkthaftpflicht?
- *IT-Risiken:* Kann ein Ausfall der IT das Geschäft lahmlegen? Ersatzkapazitäten? Können alle wichtigen Zugriffe auf Systeme protokolliert werden?

- *Strategie:* Unternehmensziele realistisch, schlüssig und ausformuliert? Kernkompetenzen klar definiert und dem Markt bekannt? Nachfolge in der Führung geklärt?

Merke: Oftmals ist das Risikomanagement in Unternehmen lediglich auf die Erfüllung formaler gesetzlicher Anforderungen ausgerichtet. Von zentraler Bedeutung ist jedoch die Verknüpfung mit dem unternehmerischen Planungs-, Informations- und Kontrollprozess und damit insbesondere mit dem Controlling.
In keinem Fall darf Controlling (nur) als Kontrolle im engeren Sinn verstanden werden. Vielmehr muss es gelingen, für eine offene Kommunikation innerhalb der Risikoberichterstattung zu sorgen, weil gerade schlechte Nachrichten in vielen Organisationen nur ungern weitergegeben werden. Darüber hinaus muss der Prozess des Risikomanagements und der Risikoberichterstattung regelmäßig überprüft und von Seiten des Controllings begleitet werden.

Literaturtipps

Klein, A. (2011): Risikomanagement und Risiko-Controlling.

Rollierende Daten und Quartalsberichte

Ausgangslage ——— Je nach Branche sind Geschäftsdaten eines Monats oder Quartals mehr oder weniger durch saisonale Schwankungen geprägt und grundsätzlich nicht repräsentativ für die Entwicklung eines gesamten Geschäftsjahrs. Es ist deshalb schwierig, aus den Zahlen eines einzelnen Monats oder Quartals – auch im Vorjahresvergleich – Rückschlüsse auf ein Gesamtjahr zu ziehen.

Besonders bei umsatzschwachen Monaten wie August (Ferien) oder Dezember (Weihnachten, Jahresinventur zum Jahreswechsel) sind Umsatz- und Ergebnisdaten kaum brauchbar. Auch der *klassische Quartalsbericht* – vorgeschrieben für börsennotierte Unternehmen – führt zu einer Überbetonung kurzfristiger Informationen gegenüber langfristigen Entwicklungen.

> **Merke:** Statt Quartalsberichte zu verweigern, sollte man vierteljährlich rollierende Jahresberichte einführen. Damit kann vierteljährlich ein komplettes Geschäftsjahr generiert werden. Dieses Geschäftsjahr verschiebt sich ständig jeweils um ein Quartal; das neue, gerade abgelaufene Quartal kommt dazu, das Vorjahresquartal fällt entsprechend heraus.

Beispiel ——— Die Vorgehensweise (vgl. zu einem weiteren Beispiel das Stichwort ▷ «Zwillinge Auftragseingang und Umsatz») wird nachfolgend mit Hilfe der Quartalsdaten eines Unternehmens aus der Chemie gezeigt. Der Vergleich der Quartalsdaten allein ist grundsätzlich problematisch, weil die saisonalen Schwankungen der Geschäftsentwicklung die Grundstruktur der Geschäftsdaten überlagern und verfälschen. Ein vierteljährlicher Vergleich rollierender Geschäftsjahre zeigt dagegen – von allen saisonalen Effekten bereinigt – die kontinuierliche Entwicklung des Unternehmens.

Die benötigten Daten stehen durch die *Verknüpfung von Quartalsberichten* zur Verfügung, werden jedoch weder in Geschäftsberichten selbst noch in den Kommentaren der Wirtschaftspresse genutzt. Der Ausweis von derart strukturierten vierteljährlichen Jahreszahlen erfüllt sowohl die Ansprüche der Investoren nach aktuellen Informationen als auch diejenigen des Managements nach längerfristig ausgerichteten Geschäftsdaten.

Das Beispiel zeigt damit, wie die Kontroverse über die Pflicht börsennotierter Unternehmen zur Quartalsberichterstattung gelöst werden kann. In der Regel ist ein isoliertes Quartalsergebnis keine repräsentative Information, wohl dagegen Geschäftsdaten der letzten vier Quartale, jedes Quartal fortgeschrieben.

Quartalsdaten eines Beispielsunternehmens

Quartal in Mio. EUR	20X1	I. 20X1	II. 20X1	III. 20X1	IV. 20X1	I. 20X2	II. 20X2	III. 20X2
Umsatz/Gesamt	13.051	3.287	3.399	3.254	3.111	3.138	3.325	3.185
EBIT	1.347	274	328	304	441	292	335	329
Umsatzrendite	10,3	8,3	9,6	9,3	14,2	9,3	10,1	10,3
Capital Employed (CE)	7.153	7.719	7.742	7.509	7.153	7.522	7.503	6.883
ROCE*	18,8	14,2	16,9	16,2	24,7	15,5	17,9	19,1
Kapitalumschlag*	1,82	1,70	1,76	1,73	1,74	1,67	1,77	1,85
Bilanzsumme	11.954	12.747	13.231	12.777	11.954	12.086	12.065	12.763
Investitionen	581	113	144	123	201	107	134	138
Abschreibungen	599	152	154	145	148	144	143	132
Beschäftigte	64.580	67.500	66.360	65.240	64.580	64.320	63.950	62.990

* zur Vergleichbarkeit errechnet

Rollierende Geschäftsjahre des Beispielsunternehmens

in Mio. EUR	20X1	II/X1 bis I/X2 (1)	III/X1 bis II/X2 (2)	IV/X1 bis III/X2 (3)
Umsatz/Gesamt	13.051	12.902	12.828	12.759
EBIT	1.347	1.365	1.372	1.397
Umsatzrendite	10,3	10,6	10,7	10,9
Capital Employed (CE)*	7.153	7.482	7.422	7.265
ROCE**	18,8	18,2	18,5	19,2
Kapitalumschlag**	1,82	1,72	1,73	1,76
Bilanzsumme	11.954	12.086	12.065	12.763
Investitionen	581	575	565	580
Abschreibungen	599	591	580	567
Beschäftigte***	64.580	64.320	63.950	62.990

* über die Quartale durchschnittlich gebundenes Kapital
** zur Vergleichbarkeit errechnet
*** jeweils auf das Ende des rollierenden Geschäftsjahrs bezogen

Literaturtipps

Peters, G./Pfaff, D. (2011): Controlling.

SAP ERP®

Kernidee von ERP-Systemen ───── Ganz allgemein handelt es sich bei ERP-Systemen (Entreprise Resource Planning) um betriebswirtschaftliche Softwarelösungen zur Unterstützung der Ressourcenplanung des gesamten Unternehmens. Ein ERP-System kann somit für eine Vielzahl verschiedener Geschäftsprozesse im Unternehmen eingesetzt werden. Zentrales Merkmal von ERP-Systemen ist die Integration von Prozessen, Funktionen und Daten. Darin liegen zugleich die wesentlichen Vorteile von ERP-Systemen gegenüber funktionsspezifischen Insellösungen. Hierzu zählen insbesondere Datenkonsistenz durch die Verwendung einer zentralen Datenbank, schnellere Abläufe durch Integration der unternehmensinternen Prozesse und die Verfügbarkeit aktueller Informationen durch Echtzeitverarbeitung. Neben nicht unerheblichen Kosten für Aufbau und Pflege eines ERP-Systems müssen im Hinblick auf die Einführung eines ERP-Systems vor allem das Risiko von Unterbenutzung und mangelnder Akzeptanz durch die Mitarbeiter sowie eine gewisse Starrheit des Systems im Hinblick auf unternehmensspezifische Anforderungen kritisch hinterfragt werden.

SAP ERP® ───── SAP ERP® – eine Weiterentwicklung von SAP R/3® – ist ein von der SAP AG angebotenes ERP-System. Dabei handelt es sich um eine branchenneutrale, betriebswirtschaftliche Standardsoftware. Um branchenspezifischen Besonderheiten Rechnung zu tragen, bietet SAP zudem Branchenlösungen (beispielsweise für Banken, Handel, die öffentliche Verwaltung u.a.) an. Auch gibt es spezielle Lösungen für kleine und mittlere Unternehmen. Im sogenannten Customizing werden die unternehmensspezifischen Prozesse und Strukturen eingestellt, wodurch die Software an unternehmensspezifische Erfordernisse angepasst werden kann. Auch die Integration von Nicht-SAP-Lösungen ist über den SAP NetWeaver möglich.

Aufbau SAP ERP® ───── Zu den funktionalen Sichten Rechnungswesen, Personalwirtschaft und Logistik, welche durch anwendungsübergreifende Komponenten, Werkzeuge und Analyseinstrumente ergänzt werden, existieren jeweils verschiedene Module. Module des Rechnungswesens sind unter anderem die Module CO (Controlling) sowie FI (Finanzwesen). Jedes Modul kann alleinstehend eingesetzt werden, was Flexibilität im Hinblick auf die Nutzung des Systems ermöglicht. Die Module sind wiederum in Komponenten, Teilkomponenten und Transaktionen untergliedert. Sämtliche Komponenten sind in Echtzeit integriert und greifen auf dieselbe Datenbank zu.

SAP-Controlling-Funktionalitäten ──── Das Modul CO gliedert sich in die Komponenten CO-OM (Gemeinkosten-Controlling), CO-PC (Produktkosten-Controlling) und CO-PA (Ergebnis- und Marktsegmentrechnung). Dabei deckt das CO-OM die Kostenarten- und Kostenstellenrechnung ab, das CO-PC die Kostenträgerrechnung und das CO-PA das Ergebnis-Controlling. Die komplexen Beziehungen zwischen den einzelnen CO-Komponenten sowie mit anderen Komponenten und Modulen sind nachfolgend grafisch dargestellt und verdeutlichen den integrativen Charakter von SAP ERP®.

SAP-Controlling-Funktionalitäten

Quelle: www.sap.com

Weitere ERP-Produkte ──── Auch wenn SAP im ERP-Markt als Marktführer gilt (vgl. Gartner, 2012), gibt es weitere ERP-Systeme, welche eine globale Nutzung erfahren. In der Schweiz handelt es sich hierbei insbesondere um Produkte für kleine und mittelständische Unternehmen mit industriespezifischer Spezialisierung.

──────────────────────────────── **Literaturtipps**

Friedl, G./Hilz, C./Pedell, B. (2012): Controlling mit SAP.
Gartner (2012): Market Share Analysis: ERP Software.
Leiting, A. (2012): Unternehmensziel ERP-Einführung.

Sensitivität von Daten

Ausgangslage ——— Bei Planungen ist es besonders wichtig, den Einfluss der Steuerungsgrößen auf die Rentabilität herauszustellen. Dies gilt für Verkaufspreis, Menge, Fixkosten, variable Stückkosten und Vermögen. In der Praxis hat es sich bewährt, diese Kennzahlen in einer Sensitivitätsbetrachtung zum Beispiel um 10% ungünstiger als in der Basisplanung anzusetzen.

Merke: Im Rahmen einer Sensitivitätsanalyse erkennt man sofort, welcher Parameter eine Rendite in welchem Ausmaß «zum Kippen bringt».

Beispiel ——— Die nachfolgende Abbildung zeigt für eine Produktlinie die aktuelle Kosten- und Ertragsstruktur (Plan). In der Ist-Situation beträgt die Umsatzrendite 10%, der Kapitalumschlag liegt bei 1,25 und die Kapitalrendite (Bruttorendite) bei 12,5%. Die Simulation einer Verschlechterung der zentralen Steuerungsgrößen um 10% ist in den jeweiligen Spalten der Abbildung dargestellt. Die Ergebnisse zeigen, dass sämtliche Steuerungsgrößen – mit Ausnahme der Kapitalbindung – eine starke Verschlechterung der Bruttorendite bewirken. Im Beispiel hat der Verkaufspreis die höchste Sensitivität, da die Kapitalrendite von 12,5 auf 0% sinkt. Die Menge hat die zweithöchste Sensitivität: Bei 10% geringerer Menge sinkt die Kapitalrendite von 12,5 auf 5%.

Sensitivität der Bruttorendite (diskret)						
in 1.000 EUR	Plan	Menge	Verkaufspreis	Fixkosten	variable Kosten	Kapital
Menge in Tonnen	1.000	900	1.000	1.000	1.000	1.000
Verkaufspreis EUR/kg	100,00	100,00	90,00	100,00	100,00	100,00
Nettoumsatz (NU)	100.000	90.000	90.000	100.000	100.000	100.000
Bruttobetriebsergebnis (BBE)	10.000	4.000	0	5.000	6.000	10.000
Umsatzrendite (BBE in % vom NU)	*10,0*	*4,4*	*0,0*	*5,0*	*6,0*	*10,0*
Break-even (Umsatz)	83.333	83.333	90.000	91.667	89.286	83.333
Break-even (Menge)	833	833	1.000	917	893	833
Fixkosten 1	**50.000**	**50.000**	**50.000**	**55.000**	**50.000**	**50.000**
■ in % vom NU	*50,0*	*55,6*	*55,6*	*55,0*	*50,0*	*50,0*
Variable Kosten	40.000	36.000	40.000	40.000	44.000	40.000
■ in % vom NU	*40,0*	*40,0*	*44,4*	*40,0*	*44,0*	*40,0*
■ **EUR/kg**	**40,00**	**40,00**	**40,00**	**40,00**	**44,00**	**40,00**
Deckungsbeitrag (DB 1)	60.000	54.000	50.000	60.000	56.000	60.000
■ in % vom NU	*60,0*	*60,0*	*55,6*	*60,0*	*56,0*	*60,0*
Anlagevermögen (AV)	**80.000**	**80.000**	**80.000**	**80.000**	**80.000**	**88.000**
Bruttorendite (BBE in % vom AV)	*12,5*	*5,0*	*0,0*	*6,3*	*7,5*	*11,4*
Kapitalumschlag (NU/AV)	1,25	1,13	1,13	1,25	1,25	1,14

_____ **Praxistipps**

Neben dieser Standardvorgabe von Δ = 10% ist es sinnvoll, bei besonders risikobehafteten Geschäften oder Bereichen – zum Beispiel in stark kritischen Märkten – auch Worst-Case-Szenarien zu rechnen, bis hin zur Kalkulation eines Totalverlusts. Nur durch solche Rechnungen ist es möglich, das unternehmerische Risiko begreifbar zu machen.

Beispiel _____ Ausgangspunkt der folgenden Betrachtung ist dieselbe Produktlinie wie zuvor. Um das Risiko deutlich zu machen, das aus einer – zugegebenermaßen relativ unwahrscheinlichen – Verschlechterung gleich *mehrerer* zentraler Steuerungsgrößen folgt, ist die kumulative Sichtweise sinnvoll. Im Worst Case verschlechtert sich die Kapitalrendite auf −17%.

Sensitivität der Bruttorendite (kumulativ)						
in 1.000 EUR	Plan	Menge	Preis	Fix-kosten	variable Kosten	Kapital
Menge in Tonnen	**1.000**	**900**	**900**	**900**	**900**	**900**
Verkaufspreis EUR/kg	**100,00**	**100,00**	**90,00**	**90,00**	**90,00**	**90,00**
Nettoumsatz (NU)	100.000	90.000	81.000	81.000	81.000	81.000
Bruttobetriebsergebnis (BBE)	10.000	4.000	−5.000	−10.000	−13.600	−13.600
Umsatzrendite (BBE in % vom NU)	*10,0*	*4,4*	*−6,2*	*−12,3*	*−16,8*	*−16,8*
Break-even (Umsatz)	83.333	83.333	90.000	99.000	107.609	107.609
Break-even (Menge)	833	833	1.000	1.100	1.196	1.196
Fixkosten 1	**50.000**	**50.000**	**50.000**	**55.000**	**55.000**	**50.000**
▪ *in % vom NU*	*50,0*	*55,6*	*61,7*	*67,9*	*67,9*	*67,9*
Variable Kosten	40.000	36.000	36.000	36.000	39.600	39.600
▪ *in % vom NU*	*40,0*	*40,0*	*44,4*	*44,4*	*48,9*	*48,9*
▪ **EUR/kg**	**40,00**	**40,00**	**40,00**	**40,00**	**44,00**	**44,00**
Deckungsbeitrag (DB 1)	60.000	54.000	45.000	45.000	41.400	41.400
▪ *in % vom NU*	*60,0*	*60,0*	*55,6*	*55,6*	*51,1*	*51,1*
Anlagevermögen	**80.000**	**80.000**	**80.000**	**80.000**	**80.000**	**88.000**
Bruttorendite (BBE in % vom AV)	*12,5*	*5,0*	*−6,3*	*−12,5*	*−17,0*	*−15,5*
Kapitalumschlag (NU/AV)	1,25	1,13	1,01	1,01	1,01	0,92

_____ **Literaturtipps**

Peters, G./Pfaff, D. (2011): Controlling.

Target Costing

Problem ____ Bereits in der *Gestaltungsphase eines Produkts* werden branchenspezifisch oft bis zu 80% der gesamten Kosten festgelegt, wobei aber in dieser Phase nur ein geringer Teil der Kosten (circa 10 bis 15%) kostenrechnerisch erfasst wird. Der größte Anteil der Kosten wird in der Produktions- und Marktphase im Rechnungswesen abgebildet, erst dann also, wenn die Kosten schon weitgehend vorbestimmt und damit nicht mehr beeinflussbar sind. Das Target Costing stellt daher als Instrument des Kostenmanagements darauf ab, mit Informationen in den frühen Phasen der Produkt- und Prozessgestaltung die betriebliche Ressourcenbeanspruchung in Abhängigkeit von den am Markt erzielbaren Produktpreisen zu optimieren.

Vorgehensweise ____ Beim Target Costing (auch Zielkostenrechnung oder -management) wird die progressive Betrachtungsweise der Angebotspreiskalkulation durch eine retrograde Kalkulation ergänzt.

> **Merke:** Von Zeit zu Zeit sollte die Fragestellung «Was wird ein Produkt kosten?» durch die Sichtweise «Was darf ein Produkt aus Sicht des Absatzmarkts kosten?» ergänzt werden.

Progressive versus retrograde Kalkulation

Klassisch: **Progressive Kalkulation**	Target Costing: **Retrograde Kalkulation**
Material- und Fertigungseinzelkosten	Aufspaltung der Allowable Costs auf Produktkomponenten (Target Costs)
+ Gemeinkosten	
= Selbstkosten	= Allowable Costs
+ Gewinnaufschlag	– Overhead-Umlagen
= **Absatzpreis**	– Lebenszykluskosten
	– Zielgewinn
	Zielpreis

Die erlaubten Kosten nennt man Zielkosten oder Allowable Costs. Dabei soll das Target Costing insbesondere dann zur Anwendung gelangen, wenn eine Beeinflussung der Kostenstruktur noch möglich ist.

Vorgehensweise ——— Die zentralen Schritte des Target Costings umfassen Zielkostenfestlegung, Zielkostenspaltung, Zielkostenkontrolle und Maßnahmen zur Zielkostenerreichung.

In der Reinform des Target Costings, in Japan «Genka Kikaku» genannt (ursprünglich: Planung der Selbstkosten), erfolgt die Zielkostenfestlegung über Marktforschung konsequent aus den am Absatzmarkt erzielbaren Preisen sowie der geforderten Rendite (market-into-company). Weitere mögliche Ansätze sind die Ableitung aus den Kosten des Wettberbers (out-of-competitor) oder aus den Kosten des Unternehmens selbst (out-of-company), wobei Letzteres der progressiven Kalkulation sehr nahekommt.

Bei der *Zielkostenspaltung* erfolgt eine Aufspaltung der Zielkosten auf einzelne Bauteile und Produktkomponenten. Hierfür werden die für den Kunden relevanten Produktfunktionen ermittelt und im Hinblick auf ihre Bedeutung für das Gesamtprodukt bewertet. Das Produkt selbst wird in Komponenten aufgeteilt, für die der Umfang der Erfüllung der ermittelten Produktfunktionen bestimmt wird. Durch Kombination der beiden Ansätze erhält man die relative Bedeutung jeder Komponente für das Gesamtprodukt und damit die Zielkosten für jede Komponente.

Die Zielkosten der einzelnen Komponenten können dann bereits in der Entwicklungsphase von Produkten den geplanten Kosten gegenübergestellt werden *(Zielkostenkontrolle)*.

Auf diese Weise kann für die einzelnen Komponenten der Anpassungsbedarf im Hinblick auf Kostenreduktionen oder Funktionsverbesserungen ermittelt werden *(Zielkostenerreichung)*.

Anwendung ——— Auch wenn das Target Costing ursprünglich für Unternehmen entwickelt wurde, die montageintensive, hochtechnisierte Produkte in Serienproduktion herstellten, hat sich das Anwendungsgebiet des Target Costings auf nahezu sämtliche technisch und marktseitig komplexen Produkte sowie den Dienstleistungsbereich ausgedehnt.

Literaturtipps

Coenenberg, A.G./Fischer, T.M./Günther, T. (2012): Kostenrechnung und Kostenanalyse.

Friedl, G./Hofmann, C./Pedell, B. (2010): Kostenrechnung.

Weber, J./Schäffer, U. (2014): Einführung in das Controlling.

Wertepaar Umsatzrendite und Kapitalumschlag

Der zur Beurteilung der Verzinsungsfähigkeit des auf Gesamtunternehmensebene eingesetzten Kapitals verwendete ▷ «Return on Capital Employed (ROCE)» setzt den operativen Gewinn des Unternehmens vor Steuern (EBIT) in Relation zum investierten oder beschäftigten Kapital (Capital Employed). Durch die Erweiterung der Renditeformel mit dem Umsatz kann der ROCE auch wie folgt dargestellt werden:

$$\text{ROCE} = \frac{\text{Gewinn}}{\text{Umsatz}} \times \frac{\text{Umsatz}}{\text{Kapital}} = \text{Umsatzrendite} \times \text{Kapitalumschlag}$$

Die *Umsatzrendite* beziffert den Anteil des Gewinns (= Umsatz minus Kosten) am Umsatz und beschreibt somit die Effizienz der Kosten- und Ertragsstruktur eines Unternehmens. Der *Kapitalumschlag,* der Umsatz und Kapital zueinander ins Verhältnis setzt, gibt Auskunft über den Einfluss der Nutzung des betrieblichen Vermögens.

> **Merke:** Eine isolierte Betrachtung von Umsatzrendite und Kapitalumschlag führt in die Irre. Beide Größen gehören *untrennbar* zusammen und sind jeweils typisch für unterschiedliche Geschäfte oder Branchen.

So liegt der Kapitalumschlag in der kapitalintensiven Branche der Energieversorger in der Regel deutlich tiefer als bei einem Personalvermittlungsunternehmen. Beispielsweise erwirtschaftete die BKW (Versorger) 2010 mit einem Kapitalumschlag von 1,2 und einer Umsatzrendite von 11% eine ähnliche hohe Kapitalrendite wie Adecco (zyklische Dienstleistungen) mit einem Kapitalumschlag von 3,9 und einer Umsatzrendite von 3,6%. Warum das so ist, wird deutlich, wenn man einen Blick auf die grundverschiedenen Geschäfte der beiden Gruppen wirft.

Die BKW-Gruppe deckt mit etwas mehr als 3.000 Mitarbeitenden alle Stufen der Energieversorgung ab: «Von der Produktion über den Transport und Handel bis hin zum Vertrieb. Direkt und indirekt über ihre Vertriebspartner versorgt die BKW mehr als eine Million Menschen mit Strom. Der BKW-Produktionspark umfasst Wasserkraftwerke, Kernkraftwerke, Gaskombikraftwerke und Anlagen mit erneuerbaren Energien in der Schweiz und im Ausland» (zu Einzelheiten vgl. www.bkw-fmb.ch/bkw-energie-ag.html). Ein solches Geschäftsmodell ist zwangsläufig kapitalintensiv: ein Kapitalumschlag von mehr als 2 daher sehr unwahrscheinlich.

Adecco ist hingegen der weltweit größte Stellenvermittler und Anbieter von Lösungen im Personalbereich. Der größte Teil des Umsatzes wird mit Temporärvermittlung erzielt. Um dieses Geschäft zu betreiben, braucht man keine hohen Investitionen in Sachanlagevermögen. Der weitaus höchste Anteil des investierten Betriebskapitals entfällt vielmehr auf Goodwill und immaterielles Vermögen (aus Akquisitionen). Der Kapitalumschlag ist daher mit knapp 4 deutlich höher als beim Energieversorger; gleichzeitig muss sich Adecco aber mit einem Drittel der Umsatzrendite der BKW zufriedengeben. Beide Unternehmen sind daher nur auf Ebene Kapitalrendite vergleichbar und selbst dort muss man in Erinnerung behalten, dass Adecco im Vergleich zur BKW ein extrem zyklisches Geschäft betreibt, sodass zusätzlich die verschiedenen Risiken (und damit die Verzinsungsansprüche der Investoren) in die Beurteilung der Kapitalrendite eingehen müssen.

Aber auch *innerhalb einer Branche* kann es erhebliche Unterschiede im Hinblick auf das Geschäftsmodell der Unternehmen geben, was sich ebenfalls in der Höhe von Umsatzrendite und Kapitalumschlag widerspiegelt.

Und selbst *innerhalb eines Unternehmens* sind die verschiedenen Arbeitsgebiete häufig nicht über ihre Umsatzrendite vergleichbar, da sie deutlich unterschiedliche Umsatz-, Kosten- und Kapitalstrukturen aufweisen. Vor diesem Hintergrund ist es nur allzu verständlich, dass Analysten und Investoren auf eine transparente Segmentberichterstattung drängen. Nur so lassen sich unterschiedliche Geschäfte auch getrennt bewerten.

Umso unverständlicher bleibt, dass die Umsatzrendite und der Gewinn (meist EBIT oder EBITDA) die Berichterstattung im Wirtschaftsteil der Tageszeitungen dominieren. Entscheidend ist nicht die Umsatzrendite allein, sondern die Kapitalrendite als Produkt aus Umsatzrendite und Kapitalumschlag sowie der Vergleich mit den Verzinsungsansprüchen der Investoren (Kapitalkostensatz).

─────────────────────────────────── Literaturtipps

Peters, G./Pfaff, D. (2011): Controlling.

Working Capital Management

Bedeutung ———— Die Optimierung von Vorräten und Forderungen gehört zu den wichtigsten Aufgaben des operativen Controllings. Nach wie vor werden die Auswirkungen auf die Vermögens-, Finanz- und Ertragslage in vielen Unternehmen unterschätzt und vernachlässigt.

> **Beispiel:**
>
> In einer Erhebung der REL Consultancy Group bei den 821 größten Gesellschaften Europas ist festgestellt worden, dass das im Working Capital gebundene Kapital – gemessen am Umsatz pro Tag – relativ zur Best Practice zu hoch ist und dass ein erhebliches *Optimierungspotenzial* in Form tieferer Debitorenausstände (schnellere Eintreibung der Guthaben), geringerer Lagerbestände und höherer offener Rechnungen (spätere Bezahlung) besteht. In der Studie wird dieses Potenzial im Jahr 2012 auf rund 762 Mrd. EUR veranschlagt.
> Errechnet wird diese Summe aus der Differenz zwischen dem gebundenen Working Capital beim Durchschnitt des besten Viertels der Firmen jeder Branche und dem Rest. Die Unterschiede zwischen den Wirtschaftszweigen sind erheblich. So weisen zum Beispiel Großverteiler ein negatives Net Working Capital auf, weil sie ihre Lieferanten später bezahlen, als sie das Geld von ihren Kunden erhalten. Dagegen ist in der Investitionsgüterbranche mit ihren langen Durchlaufzeiten viel Kapital gebunden. Auch gibt es markante Unterschiede von Land zu Land.
>
> Quelle: www.relconsultancy.com/working-capital/

Bildung relativer Zielgrößen ———— Vorräte und Forderungen sind im echten Sinn des Begriffs «betriebsnotwendig» und lassen sich – je nach Branche, Betriebsgröße oder Region – in eine optimale Relation zum Geschäft bringen. Der Bezug zum Umsatz ist also eine sinnvolle Kennzahl, der absolute Wert hingegen eher nicht. Es gehört leider zu den üblichen Ritualen von Maßnahmenplänen zur kurzfristigen Sanierung oder Renditeverbesserung von Geschäften, den pauschalen Abbau insbesondere von Vorräten zu fordern. Vorräte sind also nicht generell zu hoch, sondern nur dann, wenn sie in Relation zur gewünschten Lieferbereitschaft und im Vergleich zur Best Practice anderer Unternehmen als unangemessen zu bezeichnen sind. Das gilt für einen Apparatebauer genauso wie für ein Beratungs- oder Servicebüro.

Optimierungsaufgabe ——— Unter betriebswirtschaftlichen Gesichtspunkten ist es sinnvoll, fällige *Forderungen rascher einzuziehen* und so das investierte Kapital zu mindern. Allerdings handelt es sich hierbei um eine Optimierungsaufgabe, weil die Zahlungsmodalitäten letztlich Bestandteil der Gesamtleistung für den Kunden sind und dieser daher mit einer Abwanderung an einen Konkurrenten drohen könnte.

> **Merke:** Es gilt der amerikanische Grundsatz:
> *Buy low – sell high – collect early – pay late.*

Auch bei der richtigen Vorratshöhe besteht ein Optimierungsproblem: Nehmen wir eine beliebige Prozesskette von der Absatzplanung über die Rohstoffdisposition, Produktionsplanung, Vorratsplanung bis zum Vertrieb (Lieferdisposition). Der Vertrieb möchte den Kunden so schnell wie möglich beliefern, gleichzeitig möchte die Produktion möglichst mit hoher Auslastung – «zu geringsten Stückkosten» – produzieren. Ließe man sie gewähren, führte dies vermutlich zu überhöhten Vorräten. Marketing (Ergebnisverantwortung) und Logistik (Verantwortung für Kapitalbindung) können als Korrektiv wirken.

——————————————————————————— **Praxistipps**

Insbesondere in KMU bietet es sich an, die Fakturierungspraxis und das Debitorenmanagement genauer anzusehen. Ein Garagist hatte vor einigen Jahren nach durchgeführter Reparatur stets zwei bis drei Wochen verstreichen lassen, um die Rechnung zu stellen. Darüber hinaus war das Zahlungsziel vier Wochen. Heute ist die Rechnung am ersten, spätestens am zweiten Tag nach Fertigstellungsdatum im Briefkasten; das Zahlungsziel von vier Wochen wurde gestrichen.
Die Auswirkungen auf den Forderungsbestand und damit auch die Finanzlage sind beträchtlich. Nimmt man beispielsweise an, der Tagesumsatz des Garagisten betrage etwa 8000 EUR pro Tag. Dann beläuft sich der Forderungsbestand durchschnittlich auf mehr als 260.000 EUR. Bei 10 % Zinsen, die der Garagist für seinen Betriebskredit bei der Bank zahlen muss, sind dies immerhin 26.000 EUR pro Jahr. Werden die Rechnungen hingegen gleich gestellt und zahlt der Kunde binnen einer Woche, kann der Forderungsbestand auf unter 40.000 EUR und die Zinsbelastung auf unter 4.000 EUR gesenkt werden!

Zwillinge Auftragseingang und Umsatz

Lead-Indikator ——— Ein Frühindikator für den Umsatz (Nettoumsatz) ist der Auftragseingang. Je nach Branche und Geschäftsfeld läuft der Auftragseingang dem Umsatz teilweise um Monate voraus. Nur ein bestimmter Teil des Auftragseingangs führt im laufenden Monat zu Umsatz.

Merke: Aus der Struktur des Auftragseingangs kann sowohl während des laufenden Monats auf den Monatsumsatz selbst als auch aus dem Trend mehr oder weniger exakt auf die zukünftigen Monate geschlossen werden. Nutzen Sie Auftragseingang oder andere Frühindikatoren zur Verbesserung von Forecasts, aber auch zur besseren Steuerung des Geschäfts.

«Fieberkurven» ——— Je nach Branche sind Geschäftsdaten eines Monats oder Quartals mehr oder weniger durch saisonale Schwankungen geprägt und grundsätzlich nicht repräsentativ für die Entwicklung eines gesamten Geschäftsjahrs.

Es ist deshalb schwierig, aus den Zahlen eines einzelnen Monats – auch im Vorjahresvergleich – Rückschlüsse auf ein Gesamtjahr zu ziehen. Besonders bei umsatzschwachen Monaten wie August (Ferien) oder Dezember (Weihnachten, Jahresinventur zum Jahreswechsel) sind Umsatz- und Ergebnisdaten kaum brauchbar.

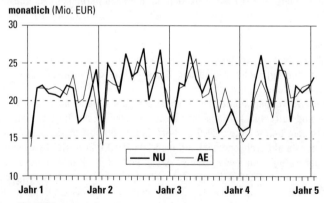

Monatliche Umsatz- und Auftragseingangswerte als Fieberkurven

NU = Nettoumsatz
AE = Auftragseingang

_____ Praxistipps

Verwenden Sie nicht die monatlichen «Fieberkurven» des Geschäfts, aus denen man «den Wald vor lauter Bäumen nicht sieht», sondern kumulieren Sie Ihre Geschäftsdaten. Neben den «offiziellen» Daten – zumeist identisch mit der Periode Januar bis Dezember – gibt es monatlich rollierende Zwölf-Monats-Werte (vgl. ▷ «Rollierende Daten und Quartalsberichte»). Damit kann monatlich ein komplettes Geschäftsjahr generiert werden. Dieses Geschäftsjahr verschiebt sich ständig jeweils um einen Monat; die neue, gerade abgelaufene Periode kommt dazu, der Vorjahresmonat fällt entsprechend heraus. Die Steuerung der Geschäftsentwicklung mit diesen monatlich rollierenden Daten führt zu plausiblen Informationen zum laufenden Geschäft. Die Ergänzung der offiziell vorgeschriebenen Monats- und Quartalsdaten durch rollierende Geschäftsjahre für alle wichtigen Kenngrößen – Umsatz, Auftragseingang, Fixkosten, Deckungsbeitragsraten – ist ein wesentlicher (aber oft nicht realisierter) Bestandteil eines intelligenten Controllings. Sie ergänzen die Break-even-Analyse zu einem wichtigen Frühwarnsystem.

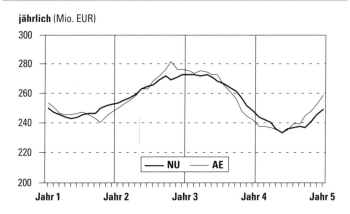

Gleitende Jahreswerte von Umsatz und Auftragseingang

NU = Nettoumsatz
AE = Auftragseingang

_____ Literaturtipps

Peters, G./Pfaff, D. (2011): Controlling.

Zwillinge Investitionen und Abschreibungen

Bedeutung ____ Die langfristige Relation von Investitionen und Abschreibungen ist eine wichtige Kenngröße für die Dynamik der Strategie eines Unternehmens. Investitionen in Höhe der Abschreibungen bedeuten zunächst nur Substanzerhalt.

Balance ist wichtig ____ Unternehmen in Schwierigkeiten tendieren nicht selten unter dem Druck von Liquiditätsengpässen dazu, bevorzugt die Mittel für Reparaturen und Investitionen zu kürzen. Das sollte man sich nur kurzfristig verordnen; langfristig sollten Unternehmen mindestens in Höhe der Abschreibungen investieren. Das gilt für alle Profit-Center-Ebenen.

Andererseits: Bei starken Investitionsschüben ist ein späteres Zurückfahren der Investitionsetats kein Zeichen von Schwäche oder Konzeptlosigkeit, sondern ein *Ausbalancieren von Investitionen und Abschreibungen*.

> **Merke:** In einem dynamischen Prozess ist es das Ziel, das Investitionsniveau – mit steigender Tendenz – über den Abschreibungen zu halten. Investitionsbudgets haben diese Grundlast der Substanzerhaltung stets zu berücksichtigen.

Beispiel ____ Die in der Abbildung gezeigten Langzeitkurven verdeutlichen die starken Schwankungen von Investitionen und Abschreibungen eines Modellkonzerns der chemischen Industrie. In dem Beispiel sind die Investitionen in der konjunkturell schwierigen Phase der Jahre 1 bis 4 ständig rückläufig, während die Abschreibungen gleichzeitig steigen. Es wird gespart und bereinigt. In dieser relativ kritischen Phase fallen die Investitionen sogar unter das Niveau der Abschreibungen. Ab dem Jahr 5 ziehen die Investitionen über einen langen Zeitraum wieder an. Die Schere zwischen Investitionen und Abschreibungen öffnet sich also im positiven Sinn. Der deutlich erkennbare Investitionsschub im Jahr 10 wird in den beiden letzten Geschäftsjahren wieder auf ein Normalmaß zurückgefahren.

Entwicklung von Investitionen und Abschreibungen an einem realen Beispiel

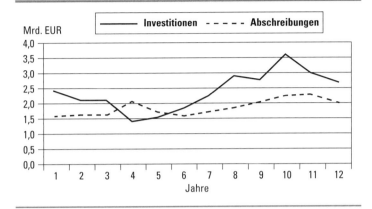

Literaturtipps

Peters, G./Pfaff, D. (2011): Controlling.

Zwillinge Investitionen und Reparaturen

Wertepaar ____ Mit jeder Investition ist ein – in der Regel spezifischer – Aufwand für Reparaturen verbunden. Investitionen und Reparaturen (an diesen Investitionen) bilden daher ein untrennbares Wertepaar, geeignet zur Überprüfung und Steuerung der Investitions- und Reparaturstrategie eines Unternehmens.

Steuerungsgröße Reparaturfaktor ____ Eine wichtige Steuerungsgröße ist der *Reparaturfaktor*, als Prozentsatz der jährlichen Reparaturkosten vom Anlagevermögen. Dabei ist zu berücksichtigen, dass eine Anlage üblicherweise aus Materialien und Teilen mit ganz unterschiedlichen Lebensdauern bestehen kann. Die Schwierigkeit besteht dann darin, die einzelnen Teile nach ihrer Langlebigkeit auszuwählen und das Zusammenspiel der Bauteile zu optimieren.

> **Merke:** Für jede Anlage oder ihre Teile lässt sich ein Ideal- oder Sollwert des Reparaturfaktors bestimmen, der im Normalfall aufgewendet werden muss und somit die Basis für den Reparaturetat bildet (zum Beispiel 5%). Wird dieser Soll- oder Standardwert permanent überschritten, signalisiert dies Handlungsbedarf.

Mögliche Gründe für die Überschreitung des Sollwerts sind:

- hohe oder erhöhte Reparaturanfälligkeit
- unvollständige Instandhaltung (Wartung)
- mangelhafte Betriebsführung.

Praxistipps _____

Für jede dieser Diagnosen gibt es entsprechende Lösungen. Das Problem ist aber, dass mit einer Reaktion häufig zu lange gewartet wird. Man muss sich bewusst sein, dass – über einen längeren Zeitraum betrachtet – viele Anlagen ein Mehrfaches der ursprünglichen Investitionssumme kosten. Insbesondere bei älteren Anlagen ist daher sehr schnell abzuwägen, ob nicht eine Ersatzinvestition auf Dauer die rentablere Variante gegenüber dem Weiterbetrieb der Anlage zwar mit geringem Vermögen, aber hohen Kosten darstellt. Man landet in dieser Situation sehr schnell in einer Technologie- und Kostenfalle.

Auch im *Risikomanagement* und *-controlling*, das oft mit oder von den Kreditbanken organisiert wird, stellen sich Fragen wie:

- Entsprechen Maschinen und Anlagen dem Stand der Technik?
- Welche Investitionen und Reparaturen sind fällig?
- Wie ist die Qualitätssicherung organisiert?
- Wo gab es Produktions- und Lieferausfälle?

Die richtige Balance zwischen Investitionen und Reparaturen ist daher zumindest im verarbeitenden Gewerbe, aber auch in der Immobilienbranche ein wesentlicher Erfolgsfaktor des Unternehmens.

Praxistipps

Jeder Hauseigentümer weiß es im Grunde: Auch Bauten unterliegen dem Phänomen des Reparaturfaktors. Aufbauend auf Erfahrungswerten wird empfohlen, jährlich zwischen 1,5 und 3 % der Bausumme für Unterhalt und Sanierungen auszugeben oder aber zurückzustellen. Selbstverständlich ist der konkrete Reparaturfaktor vom Einzelfall (z. B. der Konstruktion, den verwendeten Baumaterialien oder der Nutzungsart des Gebäudes) abhängig. Der umsichtige Hauseigentümer wird also regelmäßig in den Unterhalt seiner Liegenschaft investieren und zudem Rückstellungen für aufwendigere Renovationen oder Sanierungen bilden.

Literatur und Links

Peters, G./Pfaff, D. (2011): Controlling.

Bundesamt für Konjukturfragen (1992): Gebäudeunterhalt.

Zwillinge Vorräte und Forderungen

Bedeutung ──── Nicht selten werden in Geschäftsberichten Vorräte und Forderungen (aus Lieferungen und Leistungen) in einem Atemzug genannt. Die üblichen Kommentare wie «während der Umsatz im ersten Halbjahr um 8% gesteigert werden konnte, gelang es, die Vorräte und Forderungen deutlich zu verringern» hinterlassen jedoch einen zwiespältigen Eindruck.

> **Merke:** Im Normalfall ist eine deutliche Geschäftsbelebung oder Umsatzerhöhung immer mit einem Vorratsaufbau und einer Erhöhung der Forderungen verbunden, es sei denn, die Liefersituation – bei produzierenden oder handelnden Unternehmen – wird im Zuge anziehender Geschäfte bewusst reduziert und die Kunden zahlen für die erhaltenen Lieferungen oder Leistungen früher.

Beides ist normalerweise nicht zu erwarten. Der Kommentar wird allerdings plausibel, wenn das Unternehmen für das genannte erste Halbjahr ausdrücken will, das bisherige Geschäft mit viel zu hohen Vorräten betrieben, gleichzeitig unangemessen späte Zahlungstermine der Kunden akzeptiert und in beiden Fällen dieses Problem eines zu hohen Betriebskapitals im Umlaufvermögen durch entsprechende Maßnahmen in den Griff bekommen zu haben.

Nachfolgend sind wichtige Kennzahlen zur Optimierung des Vorrats- und Forderungsbestands dargestellt:

Lieferservicegrad ──── Der Lieferservicegrad zeigt das Ausmaß der Übereinstimmung zwischen Wunschtermin (bei Auftragsproduktion) und tatsächlichem Auftragserfüllungstermin. So ergibt sich der Lieferservicegrad als Quotient aus der Summe der Vorgänge oder Stückzahl, die zum gewünschten Termin ausgeliefert wurden, und der Anzahl aller Vorgänge oder aller Stückzahlen, die in der gleichen Periode angefordert wurden. Anstelle von Vorgängen oder Stück kann man sich auch auf deren Werte beziehen. Bei Lagerprodukten wird die unmittelbare Auslieferbarkeit herangezogen. Ein Lieferservicegrad von 100% bedeutet sofortige Lieferung.

Lagerumschlag und Vorratsfaktor ──── Unter dem Aspekt der Kapitalbindung spielt der *Lagerumschlag* (auch als Lagerumschlagsgeschwindigkeit, -häufigkeit oder Lagerdrehzahl bezeichnet) eine zentrale Rolle. Er ermittelt sich als Quotient aus Umsatz und durchschnittlichem Lagerbestand (bewertet zu Herstellungskosten) einer Periode und gibt an, wie oft das Warenlager pro Periode verkauft (umgeschlagen) wurde.

Eine optimale Vorratspolitik führt zu Gesamtvorräten, die – gemessen an ihrem Wert – in einer *typischen* Relation zum Geschäftsvolumen (Wert) stehen. Diese Relation bestimmt den *Vorratsfaktor*. Er setzt den optimalen Vorratswert ins Verhältnis zu einem entsprechenden Umsatz in einem betrachteten Zeitraum. Beträgt der optimale Vorratswert zum Beispiel 50 GE (zu Herstellungskosten) und das dazugehörige Monats-Umsatzvolumen 25 GE, beträgt der Vorratsfaktor 2. Ein Faktor unter 2 bedeutet dann potenzielle Lieferprobleme, ein Faktor über 2 unnötig hohe Kapitalbindung. Der Vorratsfaktor ist mathematisch gesehen der Kehrwert des auf den Monat bezogenen optimalen Lagerumschlags.

Forderungsumschlagszeit Liegt das Produkt nicht mehr auf Lager, sondern beim Kunden, so bedeutet dies nach wie vor Kapitalbindung, solange der Kunde den Rechnungsbetrag noch nicht beglichen hat. Wie bei den Vorräten muss bedacht werden, dass der absolute Forderungsbestand allein nicht aussagekräftig ist und nur in Relation zum Umsatz sowie zu den Gepflogenheiten der Branche oder einer Region (eines Lands) interpretiert werden kann. Eine prominente Kennzahl ist die *Forderungsumschlagszeit*. Sie ist als Quotient aus Forderungsbestand und Umsatz pro Tag definiert und bezeichnet somit die durchschnittliche Zeit, die vergeht, bis der fakturierte Umsatz sich auch im Zahlungseingang widerspiegelt. Je länger zum Beispiel das einem Kunden gewährte Zahlungsziel, desto höher wird ceteris paribus die Forderungsumschlagszeit und desto höher wird die Kapitalbindung, die Kosten verursacht (▷ «Working Capital Management»).

Debitorenrisiko Neben den langen Zahlungsfristen sind totale Forderungsausfälle durch Insolvenz und Zahlungsunfähigkeit der Kunden ein gravierendes Problem. Zu seiner Minderung empfiehlt sich eine konsequente Prävention durch Bonitätsprüfungen der Kunden im Vorfeld der Auftragsannahme oder Lieferung. Betriebswirtschaftlich geboten sind auch eine umgehende Rechnungsstellung, eine konsequente Zahlungsüberwachung sowie ein effektives Mahnwesen, das aber den Kunden nicht «vergraulen» sollte. Für viele Firmen kann auch eine pauschale Kreditversicherung oder Factoring (Forderungsverkauf) die Situation verbessern.

Literaturtipps

Peters, G./Pfaff, D. (2011): Controlling.

Controlling: Beispiele

Sind Eisenbahngesellschaften mit Streckennetz börsenfähig?

Der Verkauf von staatlichem Vermögen an private Investoren ist seit geraumer Zeit en vogue. An der Frage, ob Eisenbahnen mit Streckennetz wirklich börsenfähig sind, zeigt sich, was Politiker und Geschäftsleitungen, Verwaltungs- oder Aufsichtsräte vom Controlling lernen können.

Privatisierung kann für die öffentliche Hand und für private Investoren segensreich sein. Als positive Auswirkungen gelten die Steigerung der Effizienz und die Förderung von Innovationen und des Wettbewerbs. Aufgrund einer Privatisierung steht zusätzliches Kapital zur Verfügung, das zur Verbesserung des Angebots eingesetzt werden kann. Staatshaushalte können unter bestimmten Bedingungen entlastet werden. Ein gutes Beispiel ist die Privatisierung ehemals öffentlicher Unternehmen aus dem Bereich der Telekommunikation oder der Post.

Voraussetzung für die Realisierung dieser Vorteile ist jedoch, dass das zu veräußernde Geschäft von privater Hand betriebswirtschaftlich rentabel betrieben werden kann. Das folgende Fallbeispiel zu den Schweizerischen Bundesbahnen SBB soll zeigen, dass dies für ein klassisches Bahngeschäft – *zumindest in der Variante mit Streckennetz* – bezweifelt werden muss.

Unstrittig ist zunächst, dass private Investoren eine ausreichende risikoadäquate Verzinsung ihres eingesetzten Kapitals suchen. Diese ergibt sich aus den Alternativanlagemöglichkeiten am Kapitalmarkt. Auch der von *Stern Stewart & Co.* propagierte Economic Value Added (EVA®) als Übergewinn drückt diesen Zusammenhang aus (zu Einzelheiten siehe ▷ «Economic Value Added»):

$EVA_t = NOPAT_t - k \cdot K_{t-1}$

Ist nun aber die Differenz zwischen dem *Net Operating Profit After Taxes* $NOPAT_t$ und den Kapitalkosten (als Produkt aus Kapitalkostensatz *(Hurdle Rate)* k und betriebsnotwendigem Kapital K_{t-1}) dauerhaft negativ, muss die Börsenfähigkeit eines Unternehmens bezweifelt werden. Im Zusammenhang mit dem angestrebten, aber nicht realisierten Börsengang der Deutsche Bahn AG im Jahr 2006 wurde von einer Ziel-Rendite von rund 10% ausgegangen. Das betriebsnotwendige Kapital einer Periode wird in der Praxis häufig als *durchschnittliche* Kapitalbindung der Periode gemessen oder wie hier als Kapitalbindung *zu Beginn* der Periode t (= Kapitalbindung am Ende der Vorperiode; daher der Index t−1).

Basierend auf der Berechnung der Kapitalrendite und ihrer Zerlegung in die Umsatzrendite und den Kapitalumschlag wird im Folgenden geprüft, unter welchen Bedingungen Eisenbahnunternehmen, die auch die Netzinfrastruktur besitzen, in absehbarer Zeit eine angemessene Rendite ROCE auf das eingesetzte Kapital erwirtschaften können. Als Beispiel dienen die Kennzahlen der SBB (im Vergleich zu einem Handelsunternehmen).

Kapitalrenditebaum der SBB im Vergleich zum Handelsunternehmen Walmart

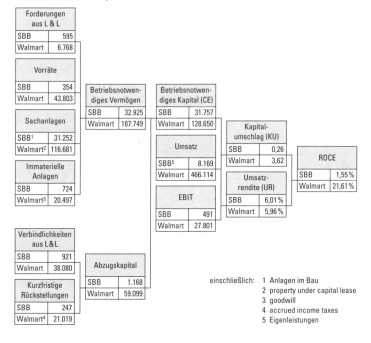

ROCE-Baum SBB vs. Walmart
(Werte zum Geschäftsjahr 2012 [SBB] bzw. 2012/13 [Walmart] in Mio. CHF bzw. USD)

einschließlich:
1 Anlagen im Bau
2 property under capital lease
3 goodwill
4 accrued income taxes
5 Eigenleistungen

SBB: Geschäftsjahr vom 1.1. bis 31.12.2012; Walmart: Geschäftsjahr vom 1.2.2012 bis 31.1.2013; Vermögenswerte beziehen sich jeweils auf das Ende des Geschäftsjahrs.
L&L = Lieferungen und Leistungen

Bei einem betriebsnotwendigen Kapital von circa 32 Mrd. CHF folgt für die SBB 2012 ein Kapitalumschlag von 0,26. Dieser Wert ist im deutschsprachigen Raum plausibel: Der Kapitalumschlag der Österreichischen Bundesbahnen ÖBB sowie der DB AG (reines Bahngeschäft) liegt in einer ähnlichen Größenordnung, wenn man jeweils die Investitionsbeiträge Dritter (im Wesentlichen Subventionen der öffentlichen Hand) *nicht* vom betriebsnotwendigen Kapital abzieht, obwohl häufig zinslos zur Verfügung gestellt.

Um also eine Kapitalrendite von 10% zu erreichen, müssten die SBB bei einem Kapitalumschlag von 0,26 nach der ROCE-Formel (▷ «Wertepaar Umsatzrendite und Kapitalumschlag»)

$$\text{ROCE} = \frac{\text{Gewinn}}{\text{Umsatz}} \times \frac{\text{Umsatz}}{\text{Kapital}} = \text{Umsatzrendite} \times \text{Kapitalumschlag}$$

eine *Umsatzrendite von knapp 40%* erzielen oder bei einem Umsatz von gut 8 Mrd. CHF für das Jahr 2012 ein Ergebnis (EBIT) von 3,2 Mrd. CHF erwirtschaften: Das ist bei Berücksichtigung plausibler Annahmen (über Preise, Kostenstruktur etc.) undenkbar. Tatsächlich erwirtschafteten die SBB über das Jahr 2012 hinweg einen EBIT von 491 Mio. CHF.

Der Vergleich mit dem Handelsunternehmen Walmart zeigt dabei, dass nicht die absolute Höhe des eingesetzten Kapitals das Problem ist, sondern die Relation zum Umsatz: eine geschäftsspezifische Größe. Bei Handelsunternehmen liegt der typische Kapitalumschlag eben nicht in der Größenordnung von 0,2, sondern in einer Bandbreite zwischen 3 und 6. Trotz eines betriebsnotwendigen Kapitals von knapp 130 (!) Mrd. USD und einer im Vergleich zu den SBB etwa gleich hohen Umsatzrendite ist Walmart dennoch in der Lage, eine Kapitalrendite von über 20% (SBB: 1,55%) zu erwirtschaften.

Der Kapitalumschlag bei einem Handelsunternehmen zeigt sich zum Beispiel darin, wie schnell die Waren umgesetzt werden. Wenn es einem Detailhändler gelingt, relativ schlanke (wenig kapitalintensive) Filialen zu betreiben, in die wenige Güter (Zucker, Mehl, Getränke etc.) (kostengünstig) palettenweise eingestellt, diese Güter vom Kunden wegen eines sensationell niedrigen Preises einkaufswagenweise schnell abtransportiert werden, dann hat dieser Detailhändler aufgrund des niedrigen Preises zwar nur eine schmale Marge, kann aber dennoch aufgrund des Kapitalumschlags eine hohe Kapitalrendite erwirtschaften.

Der Auslastung des Schienenennetzes sind hingegen mehr oder weniger enge Grenzen gesetzt. Dies gilt insbesondere dann, wenn die Infrastruktur aufgrund einer anspruchsvollen Topografie (aufwendige Tunnelbauten) besonders teuer ist. Aus Sicht privater Investoren kann sich eine Investition in das Bahngeschäft daher nur dann lohnen, wenn das im Bahnnetz gebundene Vermögen zu einem hinreichend niedrigen Preis verkauft und darüber hinaus mit jährlichen Subventionen unterhalten und gegebenenfalls erweitert wird. Eine solche Privatisierung zu Lasten des bisherigen öffentlichen Eigentümers kann wiederum nicht im Interesse des Steuerzahlers sein: Während eine staatliche Subventionierung des Netzes auch nach einer Teilprivatisierung unumgänglich ist, würde man sich die aus der Nutzung des Netzes entstehenden Betriebsgewinne mit privaten Investoren teilen. Eine Entlastung des Staatshaushaltes ist so nicht zu erwarten: Sogar das Gegenteil könnte der Fall sein. Vor allem aber wären Konflikte zwischen den berechtigten Interessen privater Investoren nach einer angemessenen Verzinsung ihres eingesetzten Kapitals sowie dem heute geltenden staatlichen Auftrag zur Bereitstellung einer leistungsfähigen Verkehrsinfrastruktur vorprogrammiert.

──────────────────────────────────── **Literaturtipps**

Pfaff, D./Peters, G./Sweys, M. (2008): Über die Börsenfähigkeit staatlicher Eisenbahnen aus Sicht des Controllings: Dargestellt am Beispiel der DB AG.

Weizsäcker, E.U. von/Young, O.R./Finger, M. (2005): Limits to Privatization: how to avoid too much of a good thing.

Bewertung einer Akquisition (Desinvestition)

Im Werk 2 der Color AG, einem Beispielunternehmen aus der Chemiebranche (Farbengeschäft) läuft seit Jahren – neben einer Großanlage mit einer Kapazität von circa 6.000 Jahrestonnen – sehr erfolgreich eine kleinere Anlage für Spezialmarken mit einer Kapazität von 2.000 Jahrestonnen.

Trotz partieller Substitution durch einfache und preisgünstige organische Pigmente konnte über Jahre die Ziel-Rendite erreicht werden (Abbildung 1). Im letzten Geschäftsjahr kommt es plötzlich zu Preis- und Mengenrückgängen aufgrund aggressiver Wettbewerber. Bei gleichzeitig ungünstiger Kostenentwicklung sinkt die Kapitalrendite (Bruttorendite) auf knapp 3 %.

Abb. 1: Ausgangslage: Ergebnisrechnung «Anorganisches Pigmentgelb»					
in 1.000 EUR Perioden	1	2	3	4	5
Menge in Tonnen	1.772	1.772	1.948	1.913	1.736
Verkaufspreis EUR/kg (VP)	7,09	7,33	7,09	7,49	6,70
Nettoumsatz (NU)	12.563	12.989	13.811	14.328	11.631
Bruttobetriebsergebnis (BBE)	3.138	3.631	4.208	2.601	342
Umsatzrendite (BBE in % vom NU)	25,0	28,0	30,5	18,2	2,9
Anlagevermögen (AV)	11.224	11.962	12.931	13.766	11.699
Bruttorendite (BBE in % vom AV)	28,0	30,4	32,5	18,9	2,9
Kapitalumschlag (NU/AV)	1,12	1,09	1,07	1,04	0,99

Fixkostenstruktur	in 1.000 EUR		in % vom NU		Schwachstellen
	Periode 4	Periode 5	Periode 4	Periode 5	☒ Menge ☒ Fixkosten ☒ Preis ☒ Variable Kosten ☒ Kapitalbindung
■ Versandkosten	131	108	0,9	0,9	
■ Vertriebskosten	1.408	1.304	9,8	11,2	
■ Fertigungskosten	4.086	4.200	28,5	36,1	
Summe	5.625	5.612	39,3	48,2	

In einem Strategiegespräch zwischen Marketing, Vertrieb, Produktion, Entwicklung und Controlling werden die Möglichkeiten einer Sanierung diskutiert. Verschiedene Modellrechnungen zeigen allerdings, dass die vorgeschlagenen Maßnahmen nur bei günstiger Entwicklung der Mengen und Verkaufspreise geeignet sind, die gesamte, in Schieflage geratene Produktlinie «Anorganisches

Pigmentgelb» in den grünen Bereich zu manövrieren. Deshalb werden Überlegungen angestellt, dieses Geschäft zu veräußern. Die Konkurrenz hat bereits Interesse signalisiert, Kundenstamm sowie die wichtigsten Mitarbeiter (Know-how-Träger) zu übernehmen.

Bei der Konzernmutter der Color AG hat ein Desinvestitions-Team des zuständigen Unternehmensbereichs die Aufgabe, das bisherige und zukünftige Geschäft zu bewerten und einen *Mindestverkaufspreis* als Basis für Verhandlungen zu erarbeiten.

Bei Fortführung des Geschäfts im Rahmen der Kapazität von 2.000 Tonnen jährlich und Optimierung von Kosten und Vermögen ergibt sich – als Basis für den Wert aus Sicht des *Verkäufers* – die in Abbildung 2 dargestellte Entwicklung.

Abb. 2: Ergebnisplanung bei Fortführung der Produktlinie «Anorganisches Pigmentgelb»

in 1.000 EUR	Plan 1	Plan 2	Plan 3	Plan 4	Plan 5	Plan 6	Plan 7	Plan 8	Plan 9	Plan 10
Menge in Tonnen	1.750	1.800	1.850	1.900	1.950	2.000	2.000	2.000	2.000	2.000
Verkaufspreis EUR/kg (VP)	6,70	6,70	6,70	6,70	6,70	6,70	6,70	6,70	6,70	6,70
Nettoumsatz (NU)	11.725	12.060	12.395	12.730	13.065	13.400	13.400	13.400	13.400	13.400
Betriebsergebnis (BE)	1.413	1.590	1.768	1.845	2.023	2.100	2.100	2.100	2.100	2.100
Umsatzrendite (BE in % vom NU)	*12,0*	*13,2*	*14,3*	*14,5*	*15,5*	*15,7*	*15,7*	*15,7*	*15,7*	*15,7*
Break-even (Umsatz)	9.059	9.059	9.059	9.248	9.248	9.437	9.437	9.437	9.437	9.437
Break-even (Menge)	1.352	1.352	1.352	1.380	1.380	1.408	1.408	1.408	1.408	1.408
Fixkosten (bis BE)*	4.800	4.800	4.800	4.900	4.900	5.000	5.000	5.000	5.000	5.000
■ *in % vom NU*	*40,9*	*39,8*	*38,7*	*38,5*	*37,5*	*37,3*	*37,3*	*37,3*	*37,3*	*37,3*
Variable Kosten	5.513	5.670	5.828	5.985	6.143	6.300	6.300	6.300	6.300	6.300
■ *in % vom NU*	*47,0*	*47,0*	*47,0*	*47,0*	*47,0*	*47,0*	*47,0*	*47,0*	*47,0*	*47,0*
■ **EUR/kg**	3,15	3,15	3,15	3,15	3,15	3,15	3,15	3,15	3,15	3,15
Deckungsbeitrag (DB 1)	6.213	6.390	6.568	6.745	6.923	7.100	7.100	7.100	7.100	7.100
■ *in % vom NU*	*53,0*	*53,0*	*53,0*	*53,0*	*53,0*	*53,0*	*53,0*	*53,0*	*53,0*	*53,0*
* enthält lineare Abschreibungen (10% p.a.) auf das Anlagevermögen										
Anlage- und Umlaufvermögen (AV + UV)	9.931	10.015	10.099	10.183	10.266	10.350	10.350	10.350	10.350	10.350
■ Anlagevermögen	7.000	7.000	7.000	7.000	7.000	7.000	7.000	7.000	7.000	7.000
■ Vorräte und Forderungen	2.931	3.015	3.099	3.183	3.266	3.350	3.350	3.350	3.350	3.350
Bruttorendite (BE in % v. [AV + UV])	*14,2*	*15,9*	*17,5*	*18,1*	*19,7*	*20,3*	*20,3*	*20,3*	*20,3*	*20,3*
Kapitalumschlag NU/(AV + UV)	*1,18*	*1,20*	*1,23*	*1,25*	*1,27*	*1,29*	*1,29*	*1,29*	*1,29*	*1,29*

Für die Bewertung der Produktlinie werden darüber hinaus folgende Annahmen getroffen:

- Fortführung der Produktlinie über 10 Jahre bis zur Kapazitätsgrenze von 2.000 Tonnen pro Jahr
- Stilllegung der Produktlinie im zehnten Jahr
- Optimierung der Kosten und des Vermögens im Rahmen der alten Anlage

- Geschäftsverluste *beim potenziellen Erwerber* durch Kannibalisierungseffekte des vom Erwerber integrierten Geschäfts in Höhe von 10% der Umsätze
- Zusätzliche liquiditätswirksame Fixkosten *beim Erwerber* in Höhe von 15% vom Nettoumsatz in jeder Periode
- Variable Kosten bei Verkäufer und Käufer (potenziellem Erwerber) identisch
- Kapitalkostensatz (Hurdle Rate) bei Verkäufer und Käufer: 10%
- Steuersatz vom Einkommen und Ertrag (bei Käufer und Verkäufer): 35%.

Auf Basis dieser Ausgangsdaten und weiterer Annahmen kann zum einen der Mindestverkaufspreis aus Sicht der Color AG und zum anderen der Grenzpreis für die Übernahme der Produktlinie aus Sicht des potenziellen Erwerbers (Käufers) abgeleitet werden. Beide Preise werden mit Hilfe einer Barwertbetrachtung der geplanten Cashflows bestimmt.

Aus der *Sicht des Verkäufers* (Color AG) ergibt sich ein Mindestverkaufspreis von circa 11,7 Mio. EUR (Abbildung 3). Dieser Wert errechnet sich, indem alle zukünftigen Cashflows nach Steuern, die durch den Verkauf der Produktlinie entfallen würden, auf den Entscheidungszeitpunkt diskontiert werden (siehe Abbildung 3). Im vorliegenden Fall sind dies die liquiditätswirksamen Ergebnisse nach Steuern, die durch den Verkauf eliminiert würden. Hinter der Diskontierung steht die Idee, zukünftige Zahlungen zu dem Wert anzusetzen, den die Geschäftsleitung diesen Zahlungen aus heutiger Sicht beimisst. Der Abzinsungsfaktor ergibt sich dabei aus dem für den Bereich relevanten Kapitalkostensatz (einer Hurdle Rate) von 10%.

Abb. 3: Wert der Produktlinie «Anorganisches Pigmentgelb» aus Sicht des Verkäufers

Geschäftsjahr		1	2	3	4	5	6	7	8	9	10
Absatz	Tonnen	1.750	1.800	1.850	1.900	1.950	2.000	2.000	2.000	2.000	2.000
Verkaufspreis	EUR/kg	6,70	6,70	6,70	6,70	6,70	6,70	6,70	6,70	6,70	6,70
Umsatz	1000 EUR	11.725	12.060	12.395	12.730	13.065	13.400	13.400	13.400	13.400	13.400
Betriebsergebnis (BE)	1000 EUR	**1.413**	**1.590**	**1.768**	**1.845**	**2.023**	**2.100**	**2.100**	**2.100**	**2.100**	**2.100**
Ergebnis vor Steuern	1000 EUR	1.413	1.590	1.768	1.845	2.023	2.100	2.100	2.100	2.100	2.100
Steuern (35%)	1000 EUR	494	557	619	646	708	735	735	735	735	735
Ergebnis nach Steuern	1000 EUR	918	1.034	1.149	1.199	1.315	1.365	1.365	1.365	1.365	1.365
Abschreibungen*	1000 EUR	**700**	**700**	**700**	**700**	**700**	**700**	**700**	**700**	**700**	**700**
Cashflow nach Steuern	1000 EUR	**1.618**	**1.734**	**1.849**	**1.899**	**2.015**	**2.065**	**2.065**	**2.065**	**2.065**	**2.065**
* 10% vom Anlagevermögen											
Abzinsungsfaktor	10%	0,909	0,826	0,751	0,683	0,621	0,564	0,513	0,467	0,424	0,386
Barwert Cashflow	1000 EUR	1.471	1.433	1.389	1.297	1.251	1.166	1.060	963	876	796
Barwert kumuliert	1000 EUR	1.471	2.904	4.293	5.590	6.841	8.007	9.066	10.030	10.905	11.701
Barwert Gesamt	1000 EUR	**11.701**									

Für die Verhandlungen mit dem Käufer ist es aber auch sinnvoll, dessen Rechnung abzuschätzen, um den Verhandlungsspielraum besser ausloten zu können. Im Einzelnen macht der *Käufer* folgende Rechnung auf: Er integriert zunächst den zusätzlichen Deckungsbeitrag der zu kaufenden Produktlinie sowie den dafür notwendigen Fixkostenaufbau. Dieser sei per Annahme in jeder Periode 15% vom Nettoumsatz. Die Abbildung 4 zeigt die Daten.

Bei Übernahme der Produktlinie durch den Käufer entstehen automatisch Umsatzeinbußen, da im Markt ein Anbieter wegfällt. Kunden, die aus Gründen der Versorgungssicherheit stets zwei Lieferanten halten und bisher sowohl bei der Color AG wie auch beim potenziellen Käufer die Produkte bezogen haben, werden sich einen Dritten als neuen Zweitlieferanten suchen. Dieser Kannibalisierungseffekt wird mit einem Abschlag von 10% auf den bisherigen Umsatz der Color AG bewertet.

Abb. 4: Wert der Produktlinie «Anorganisches Pigmentgelb» aus Sicht des Käufers

Geschäftsjahr		1	2	3	4	5	6	7	8	9	10
Absatz (Plan)	Tonnen	1.750	1.800	1.850	1.900	1.950	2.000	2.000	2.000	2.000	2.000
Absatz – 10%	Tonnen	1.575	1.620	1.665	1.710	1.755	1.800	1.800	1.800	1.800	1.800
Verkaufspreis	EUR/kg	6,70	6,70	6,70	6,70	6,70	6,70	6,70	6,70	6,70	6,70
Deckungsbeitrag	EUR/kg	3,55	3,55	3,55	3,55	3,55	3,55	3,55	3,55	3,55	3,55
Umsatz	1000 EUR	10.553	10.854	11.156	11.457	11.759	12.060	12.060	12.060	12.060	12.060
Δ Deckungsbeitrag	1000 EUR	5.591	5.751	5.911	6.071	6.230	6.390	6.390	6.390	6.390	6.390
Δ Fixe Auszahlungen	1000 EUR	1.583	1.628	1.673	1.719	1.764	1.809	1.809	1.809	1.809	1.809
Δ Ergebnis vor Steuern	1000 EUR	4.008	4.123	4.237	4.352	4.466	4.581	4.581	4.581	4.581	4.581
Steuern (35%)	1000 EUR	1.403	1.443	1.483	1.523	1.563	1.603	1.603	1.603	1.603	1.603
Δ Ergebnis nach Steuern	1000 EUR	2.605	2.680	2.754	2.829	2.903	2.978	2.978	2.978	2.978	2.978
Abzinsungsfaktor	*10%*	*0,909*	*0,826*	*0,751*	*0,683*	*0,621*	*0,564*	*0,513*	*0,467*	*0,424*	*0,386*
Barwert Cashflow	1000 EUR	2.369	2.215	2.069	1.932	1.803	1.681	1.528	1.389	1.263	1.148
Barwert kumuliert	1000 EUR	2.369	4.583	6.653	8.585	10.387	12.068	13.596	14.985	16.248	17.396
Barwert Gesamt	1000 EUR	**17.396**									

Aus der Differenz von Δ Deckungsbeitrag und Δ Fixkosten ergibt sich die Veränderung des Ergebnisses vor Steuern. Das um Steuern auf Einkommen und Ertrag (Steuersatz 35%) bereinigte Ergebnis ist zugleich der für die Berechnung relevante Cashflow, da alle eingehenden Größen unmittelbar liquiditätswirksam sind. Unterstellt man, dass auch der Käufer mit 10% Verzinsungsanspruch rechnet, erhält man eine Obergrenze für den Kaufpreis in Höhe von knapp 17,4 Mio. EUR.

Die Color AG bewertet also das Geschäft «in der Hand des anderen» höher. Man kann es auch anders ausdrücken: Der Verkäufer sieht den Wert der Produktlinie von 11,7 Mio. EUR im günstigsten Fall leicht unter seinem Jahresumsatz von 13,4 Mio. EUR in Jahr

10, der Käufer eher über seinem (reduzierten) Jahresumsatz (17,4 gegenüber 12 Mio. EUR). Das sind übliche Werte für durchschnittlich rentable Geschäfte, was aus Sicht beider Partner der Fall ist. Die Color AG weiß jedoch, dass die Produktlinie beim Käufer mehr wert ist als bei ihr.

Wenn der Käufer die gleiche Rechnung aufmacht, kann man davon ausgehen, dass beide Verhandlungspartner um etwa 11,7 bis 17,4 Mio. EUR «pokern». Allerdings werden beide versuchen, die Synergien des anderen gut- beziehungsweise schlechtzurechnen. Ob der tatsächlich gezahlte Preis dann letztlich näher bei 11,8 Mio. EUR oder eher bei 17,4 Mio. EUR liegen wird, hängt vom Verhandlungsgeschick beider Parteien ab.

 Literaturtipps ────────────────────────────────

Peters, G./Pfaff, D. (2011): Controlling.

Verrechnungspreisgestaltung im internationalen Produktionsverbund

Ausgangslage

Die TRUMPF GmbH & Co. KG ist mit den Geschäftsbereichen Werkzeugmaschinen, Lasertechnik und Elektronik sowie Medizintechnik tätig. Im Geschäftsjahr 2013/2014 erwirtschaftete das Unternehmen mit 10.914 Mitarbeitern einen Umsatz in Höhe von 2.587 Mio. EUR. Das Unternehmen ist weltweit an über fünfzig Standorten aktiv. Grenzüberschreitender Lieferungs- und Leistungsaustausch zwischen den einzelnen Standorten stellt das Unternehmen vor die Herausforderung, ein Verrechnungspreissystem zu gestalten, das steuerlichen Regelungen genügt und zur Steuerung der ergebnisverantwortlichen Einheiten herangezogen werden kann. Durch die innerbetriebliche Lieferungs- und Leistungsverrechnung soll eine Vergleichbarkeit der Ergebnisse der dezentralen Einheiten ermöglicht werden.

Darstellung des Verrechnungspreissystems

Funktions- und Risikoverteilung

Ausgangspunkt einer Darstellung des Verrechnungspreissystems der TRUMPF GmbH & Co. KG ist die Einteilung von Funktionsbereichen entlang der Wertschöpfungskette einer Produktgruppe gemäß den übernommenen Funktionen und Risiken. Es wird zwischen Produktions-, Vertriebs- und Dienstleistungsbereichen sowie Technologie- und Produkt-Center unterschieden (vgl. Abbildung 1).

Abb. 1: Funktionsbereiche entlang der Wertschöpfungskette einer Produktgruppe

Produktgruppe

Gesamtprozessverantwortung (Produkt-Center)

Administrative interne Dienstleistungen (Dienstleistungsbereich)

Entwicklung/Konstruktion von Komponenten (Technologie-Center) → Beschaffung/Produktion (Produktionsbereich) → Vertrieb/Service (Vertriebsbereich)

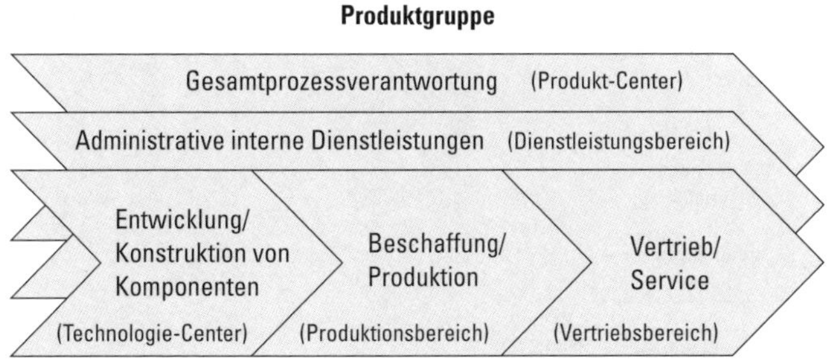

Jedem dieser Funktionsbereiche sind definierte Aufgaben, Chancen und Risiken zugeordnet. Dabei nimmt der Umfang der übernommenen Funktionen, Chancen und Risiken vom Produktions- und Dienstleistungsbereich über den Vertriebsbereich bis hin zum Technologie- und Produkt-Center sukzessive zu. Die Aufgabe des Dienstleistungsbereichs besteht beispielsweise darin, zentral spezifische Dienstleistungen zu erbringen. Chancen und Risiken liegen lediglich in der Auslastung des Bereichs. Demgegenüber werden vom Produkt-Center die wesentlichen Entscheidungen bezüglich der gesamten Wertschöpfungskette getroffen, weshalb dieses für sämtliche Chancen und Risiken in der Wertschöpfungskette, welche nicht bereits von anderen Bereichen getragen werden, verantwortlich ist.

Grundprinzip der internen Verrechnung

Jedem Funktionsbereich sind entsprechend seiner Klassifizierung bestimmte Verrechnungspreismethoden zugeordnet (Abbildung 2). Diese spiegeln den Umfang der übernommenen Chancen und Risiken wider. Interne Lieferungen und Leistungen werden für den Produktions- und Dienstleistungsbereich über die Kostenaufschlagsmethode und für den Vertriebsbereich über die Wiederverkaufspreismethode vergütet. Entwicklungen des Technologie-Centers werden über eine Fertigungslizenz auf die beziehenden Bereiche verrechnet.

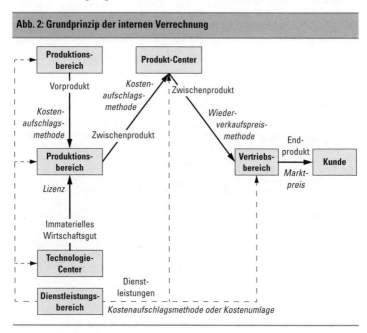

Abb. 2: Grundprinzip der internen Verrechnung

Eine Besonderheit des Verrechnungspreissystems stellt das *Produkt-Center* dar, welches das Residualergebnis in der Wertschöpfungskette erhält. Das Produkt-Center ist vertraglich zwischen Produktions- und Vertriebsbereich geschaltet, d.h. es kauft beim Produktionsbereich ein und verkauft an den Vertriebsbereich. Steuerrechtlich agiert das Produkt-Center als sogenannter «Strategieträger» in der Wertschöpfungskette. Abbildung 2 zeigt dieses Grundprinzip der Verrechnung. Einzige Ausnahme von diesem Grundprinzip stellt der Einsatz der Preisvergleichsmethode dar. Diese ist grundsätzlich prioritär anzuwenden, was jedoch aufgrund eines fehlenden externen Marktpreises für nahezu keines der innerbetrieblich transferierten Produkte möglich ist.

Verrechnungspreismethoden und weitere Gestaltungsparameter

Kostenaufschlagsmethode im Produktionsbereich

Die Leistungen der Produktionsbereiche werden im innerbetrieblichen Leistungsaustausch mit der Kostenaufschlagsmethode vergütet (Abbildung 3). Ausgangspunkt hierfür stellen die Herstellkosten im Produktionsbereich dar. Diese werden für den Materialeinsatz als Istkosten und für die Fertigungskosten als Standardkosten berechnet. Durch Berücksichtigung eines Zuschlagssatzes auf die Herstellkosten zur Abdeckung von Verwaltungs-, Garantie- und Kulanzkosten im Produktionsbereich (Abwicklungszuschlag) und unter Einbezug der Entwicklungsgemeinkosten und Fertigungslizenzen erhält man die Selbstkosten des Produkts. Diese bilden zuzüglich einer angemessenen Gewinnspanne den Verrechnungspreis.

Abb. 3: Bestimmung des Verrechnungspreises mittels Kostenaufschlagsmethode

Um eine Mehrfachbezuschlagung und damit ein Aufblähen der Kosten in einer mehrstufigen Wertschöpfungsstruktur zu vermeiden, werden als Basis für diesen Gewinnzuschlag die Fertigungskosten herangezogen. Die Höhe des Gewinnzuschlags wird für jeden Produktionsbereich anhand einer angestrebten Kapitalrendite für das im Produktionsbereich eingesetzte Kapital und der Standardfertigungskosten berechnet und hat eine Gültigkeit von drei Jahren. Bei einer Veränderung der Herstellkosten über eine festgelegte Bandbreite hinaus sind auch frühere Anpassungen möglich.

Wiederverkaufspreismethode im Vertriebsbereich

Die Kosten aus dem innerbetrieblichen Leistungsaustausch für den Vertriebsbereich errechnen sich anhand der Wiederverkaufspreismethode. Der Verrechnungspreis wird auf Basis eines standardisierten Marktpreises gemäß einer zentralen Preisliste des Produkt-Centers (Masterpreisliste) abzüglich einer Wiederverkaufsspanne gebildet. Die Wiederverkaufsspanne ist in Grundrabatt und Strukturrabatt unterteilt. Der Grundrabatt wird auf Basis einer angemessenen Umsatzrendite aus Vergangenheitswerten abgeleitet. Der Strukturrabatt soll den Besonderheiten jedes Vertriebsbereichs Rechnung tragen. Hierfür werden die Funktionen und Risiken sowie Markt- und Umfeldgegebenheiten für jede Vertriebsgesellschaft mittels Scoring-Modell bewertet und einem Quotienten aus durchschnittlichen Vertriebskosten und durchschnittlichem Umsatz der drei vorangegangenen Geschäftsjahre in einem Diagramm gegenübergestellt (vgl. Abbildung 4).

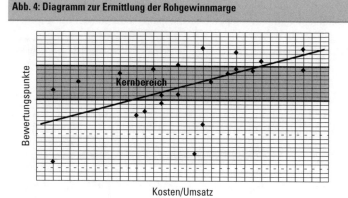

Abb. 4: Diagramm zur Ermittlung der Rohgewinnmarge

Ausgehend von einem Kernbereich (kein Strukturrabatt) werden entlang der Ordinate verschiedene Bereiche festgelegt, für die ein positiver (oberhalb des Kernbereichs) oder negativer (unterhalb des Kernbereichs) Strukturrabatt berücksichtigt wird.

Fertigungslizenzen im Entwicklungsbereich

Das Technologie-Center ist für die Entwicklungsstrategie für Komponenten der TRUMPF-Gruppe zuständig. Sofern Entwicklungsstandorte im Auftrag des Technologie-Centers Entwicklungsprojekte durchführen, erfolgt die Verrechnung der dort anfallenden Entwicklungskosten als Vollkosten zuzüglich eines Gewinnaufschlags in Höhe von 10% an das Technologie-Center. Dieses belastet wiederum sämtliche aus einem Entwicklungsprojekt resultierenden Kosten über eine Fertigungslizenz an diejenigen Organisationseinheiten weiter, die das Entwicklungsergebnis wertschöpfend nutzen. Sofern das Entwicklungsergebnis nicht genutzt werden kann, verbleiben die Entwicklungskosten beim Technologie-Center.

Die Fertigungslizenzen werden für Produktfamilien gebildet. Die Höhe der Fertigungslizenz errechnet sich nach der Maßgabe, dass jedes Entwicklungsprojekt nach fünf Absatzjahren einen Kapitalwert von null aufweisen soll. Sofern diese Maßgabe erfüllt ist, tragen sämtliche Rückflüsse nach dem fünften Absatzjahr zu einem Kapitalwert des Entwicklungsprojekts von größer null bei und stellen für das Technologie-Center eine Chance auf zusätzlichen Gewinn dar.

Weitere Gestaltungsparameter

- *Verrechnungspreisrichtlinie*
  Abwicklung, Bewertung und Dokumentation des internen Lieferungs- und Leistungsaustauschs werden für alle TRUMPF-Gesellschaften weltweit durch eine Verrechnungspreisrichtlinie geregelt. Diese legt für mindestens 80% der Geschäftsvorfälle einer Gesellschaft die innerbetriebliche Leistungsverrechnung fest. Die übrigen Geschäftsvorfälle stellen zu maximal 15% Sonderfälle (zeitlich befristete Sondersituationen) und zu maximal 5% Einzelfälle (spezifische Verhandlungssituationen) dar.

- *Regelung der Transaktionsfreiheit*
  Für Zwischenprodukte, die für das Unternehmen mit hohem Knowhow verbunden sind, besteht ein interner Kontrahierungszwang. Liefernder und abnehmender Bereich haben bei diesen

Produkten keinen Zugang zum externen Markt. Für die übrigen Zwischenprodukte steht den abnehmenden Bereichen grundsätzlich der Zugang zum externen Markt offen, wobei ein solcher für das jeweilige Zwischenprodukt oftmals nicht existiert. Die liefernden Bereiche dürfen hingegen grundsätzlich keine externen Kunden beliefern.

- *Währungskonzept*
  Die Faktura erfolgt in der Währung der liefernden Einheit. Die Masterpreisliste wird in der Währung des Produkt-Centers geführt. Der Umgang mit Wechselkursschwankungen und die Übernahme des Währungsrisikos durch die beteiligten Bereiche sind in der Verrechnungspreisrichtlinie detailliert geregelt.

Fazit

Die Verrechnungspreisgestaltung bei TRUMPF ist durch eine stringente Orientierung an der Funktions- und Risikoverteilung in der Wertschöpfungskette gekennzeichnet. Dadurch gelingt es, ein steuerrechtlich angemessenes Verrechnungspreissystem mit den Erfordernissen der internen Steuerung zu verbinden. Ansatzpunkte für eine Übertragbarkeit auf andere Unternehmen liefern insbesondere folgende Elemente der Verrechnungspreisgestaltung:

- konsequente Orientierung an der Funktions- und Risikoverteilung
- Bestimmung der Höhe des Gewinnzuschlags im Produktionsbereich
- keine Mehrfachbezuschlagung im Produktionsbereich
- Masterpreisliste als Basis für die Wiederverkaufspreismethode
- Integration der Funktions- und Risikoanalyse mittels Scoring-Modell im Vertriebsbereich.

 Literaturtipps

Hummel, K./Kriegbaum-Kling, C./Schuhmann, S. (2009): Verrechnungspreisgestaltung im internationalen Produktionsverbund. Darstellung am Beispiel der Firma TRUMPF.

Hummel, K. (2010): Gestaltungsparameter und Einflussfaktoren von Verrechnungspreissystemen.

Peters, G./Pfaff, D. (2011): Controlling.

Paradox: Wassersparen macht Wasser teurer

Wer seine Toilettenspülkästen mit einer Spartaste ausgerüstet hat, spart zwar Wasser – aber kein Geld. Im Gegenteil: Je mehr Wasser gespart wird, desto höher werden die Wassertarife. Die «Frankfurter Allgemeine Zeitung» (FAZ) titelte gar: «Die Deutschen sparen Wasser – weil sie Geld sparen wollen. Dabei treibt ihr ökologisches Gewissen nur die Preise in die Höhe.» (FAZ.NET vom 30.07.2012). Der «Schwarzwälder Bote» berichtete zum Beispiel 2012 von der kleinen Gemeinde Hartenberg mit rund zwanzig Häusern mitten im Harz: Die Hartenberger zahlen mittlerweile 57,20 EUR je Kubikmeter, während in der Region durchschnittlich knapp 4 EUR bezahlt werden.

Abbildung 1 zeigt, dass die Pro-Kopf-Ausgaben für Wasser und Abwassergebühren seit 2000 kontinuierlich ansteigen, obwohl der Wasserverbrauch pro Einwohner im gleichen Zeitraum deutlich gesunken ist. Woran liegt das?

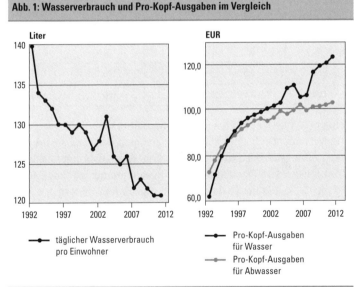

Abb. 1: Wasserverbrauch und Pro-Kopf-Ausgaben im Vergleich

— täglicher Wasserverbrauch pro Einwohner
— Pro-Kopf-Ausgaben für Wasser
— Pro-Kopf-Ausgaben für Abwasser

Quelle: BDEW, Statistisches Bundesamt

Einfache Überlegungen des Controllings, aber auch das Verständnis über die Zusammenhänge in der Wasserwirtschaft können helfen, den scheinbaren Widerspruch aufzulösen. Zunächst zum Controlling:

Wasserversorger weisen mit 60 bis 80% einen hohen Fixkostenanteil auf; die Grenzkosten oder variablen Kosten pro Kubikmeter sind hingegen vergleichweise gering. Wenn nun der Wasserverbrauch zurückgeht, weil immer mehr gespart wird, erhöhen sich die Gesamtkosten pro Kubikmeter. Abbildung 2 macht die Zusammenhänge deutlich. Vereinfachend sei von Fixkosten von 100 Mio. EUR und variablen Kosten pro Kubikmeter (m^3) in Höhe von 0,50 EUR ausgegangen. Bei einer Absatzmenge von 100 Mio. Kubikmeter betragen die durchschnittlichen Gesamtkosten pro Kubikmeter 1,50 EUR. Reduziert sich der Absatz auf ein Zehntel erhöhen sich die durchschnittlichen Gesamtkosten pro Kubikmeter auf 10,50 EUR.

Abb. 2: Beispiel der Fixkostendegression

Absatz in Mio. m^3 Wasser	Variable Kosten pro m^3 Wasser in EUR/m^3	Variable Kosten gesamt in Mio. EUR	Gesamtkosten in Mio. EUR	Gesamtkosten pro m^3 Wasser in EUR/m^3
x	k_v	$x \cdot k_v$	$(x \cdot k_v) + K_f$	$k_v + K_f/x$
0	0,5	0	100	∞
10	0,5	5	105	10,50
20	0,5	10	110	5,50
40	0,5	20	120	3,00
80	0,5	40	140	1,75
100	0,5	50	150	1,50

Betrachtet man die Kehrseite der Medaille, also eine steigende Absatzmenge, beobachtet man das Phänomen der *Fixkostendegression:* Wenn sich Fixkosten, die ja von der Ausbringungsmenge definitionsgemäß unabhängig sind, auf eine immer größere Menge verteilen, so sinkt der Fixkostenanteil pro Einheit (hier m^3), d.h. es kommt zu einer Abnahme des von einer Outputeinheit zu tragenden Fixkostenanteils. Im Controlling spricht man auch von Fixkostenverdünnung. Sinkt dagegen die Ausbringungsmenge, so steigt der Fixkostenanteil pro Einheit, was sich beim Konsumenten von Wasser offensichtlich in einem höheren Preis niederschlägt. Weitere Beispiele sind Strom- und Bahnliniennetze, welche eine ähnliche Fixkostenstruktur unter anderem aufgrund hoher Instandhaltungskosten aufweisen (siehe auch das Fallbeispiel ▷ «Sind Eisenbahngesellschaften mit Streckennetz börsenfähig?»).

Die steigenden Preise lassen sich durch die Fixkostenverdickung aber nicht allein erklären. Es kommt ein weiteres wichtiges Phänomen hinzu: die mit sinkendem Verbrauch steigenden Instandhaltungskosten (vgl. *Radio Bayern* vom 10.05.2013):

- Je weniger (und damit je langsamer) Wasser durch die Rohre fließt, desto größer ist die Wahrscheinlichkeit, dass sich Keime bilden. Stehendes Wasser kann zudem die Gefahr der Korrosion in den Rohren erhöhen.
- Sinkt der Verbrauch, können nicht mehr alle Ablagerungen aus der Kanalisation gespült werden; es bildet sich schädliche Schwefelsäure.
- Da Leitungen, Wasserspeicher und Pumpstationen auf eine bestimmte Leistungsmenge ausgerichtet sind, müssen die Wassernetze im schlimmsten Fall neu gebaut (redimensioniert) werden.

Um all diese negativen Auswirkungen zu vermeiden, sind Wasserversorger zunehmend gezwungen, die Rohre und Kanäle mit Frischwasser selbst durchzuspülen. Als Folge steigen die Instandhaltungskosten und damit wiederum die Preise.

Eine andere Möglichkeit, dem Problem entgegenzutreten, ist die Änderung der Tarifstruktur. So hat der Wasserversorger RWW, eine Beteiligung des Energiekonzerns RWE, im Jahr 2012 sein Tarifsystem geändert: «Wie viel die Kunden für ihr Wasser bezahlen müssen, hängt nun je zur Hälfte von zwei Faktoren ab: Erstens davon, wie viel Wasser sie tatsächlich verduschen, vertrinken oder verkochen. Und zweitens davon, wie teuer der Betrieb des Wasserversorgungssystems an sich ist, also wie viele Rohre neu verlegt werden müssen und wie teuer oder billig die Wartung der Leitungen ist» (FAZ.NET vom 30.07.2012). Gleichzeitig wurden die Tarife für den gebrauchten Kubikmeter Wasser erheblich gesenkt. Idee der neuen Tarifstruktur ist es, die Anreize zum Wassersparen zu mindern und dadurch den Anstieg der Instandhaltungskosten zu bremsen. Aufgrund des hohen Anteils an Fixkosten wird sogar über eine Wasser-Flatrate nachgedacht.

Ob derartige Tarifstrukturen die Lösung bedeuten, bleibt abzuwarten. Unabhängig von der Tarifstruktur weist nämlich die Bevölkerung ein starkes ökologisches Gewissen auf, welches das Wassersparen extrem fördert. Aber auch hier relativiert die Controlling-Denkweise die Überlegungen: Da die Schweiz, Deutschland und Österreich äußerst wasserreich (und somit vollkommene Selbstversorger) sind, sind die Opportunitätskosten des Wasserverbrauchs, also der entgangene Nutzen aus alternativer Verwendung, praktisch null, wenn nicht negativ: In manchen Gegenden Deutschlands kann beobachtet werden, dass der Trend zum Wassersparen den Grundwasserspiegel ansteigen lässt, weil nicht mehr genug Wasser entnommen wird (vgl. *Radio Bayern* vom 10.05.2013). Dies hat zur Folge, dass Wasser in die Häuser drückt. Den Grundwasserspiegel abzusenken, um die Versorgung wasserarmer Länder in anderen Kontinenten sicherzustellen, scheidet als Lösung aus, da technologisch zu vertretbaren Kosten bislang (noch) unmöglich: Die Opportunitätskosten wären viel zu hoch.

Auch der Verweis auf die riesige Menge versteckten Wasserverbrauchs in Lebensmitteln vernachlässigt das Argument der Opportunitätskosten. Entscheidend ist, ob das jeweils eingesetzte Wasser knapp ist (einen Engpass darstellt) oder nicht: Kommt das versteckte Wasser zum Beispiel in Kleidungsstücken aus wasserarmen Regionen, wo Baumwollplantagen bewässert werden, dann ist die Wasserentnahme tatsächlich höchst schädlich und viel zu niedrig bepreist (die Opportunitätskosten des Wassers sind dort sehr, sehr hoch). Anders ist jedoch der Fall gelagert, wenn Kaffee aus Regionen stammt, wo es ohnehin viel regnet und Wasser genügend vorhanden ist (vgl. auch den Artikel in *Zeit online* von 2012): Die Opportunitätskosten sind dann wieder vernachlässigbar.

 Links

Diverse Zeitungsartikel zum Thema, die über Internetrecherche heruntergeladen werden können, z. B.

FAZ.NET vom 30.07.2012: www.faz.net/aktuell/wirtschaft/steigende-wasserpreise-wasser-marsch-11835625.html

Radio Bayern vom 10.05.2013: www.br.de/radio/bayern1/sendungen/am-morgen/umweltkommissar-folge-12-wasser-sparen-100.html

Zeit online von 2012: www.zeit.de/2012/14/Wasserversorgung

Literatur

BDI/IW/PwC (2011): Investieren in Deutschland – Die Sicht des Investors. www.bdi.eu/download_content/Marketing/Investieren_in_Deutschland_-_Die_Sicht_des_Investors.pdf.

Billek, C. (2009): Cash Pooling im Konzern. Wien.

Bundesamt für Konjunkturfragen (1992): Gebäudeunterhalt, Handbuch für die Zustandsbeurteilung. www.bbase.ch/fileadmin/PDF/Tipps/427_Gebaeudeunterhalt.pdf.

Coenenberg, A. G./Fischer, T. M./Günther, T. (2012): Kostenrechnung und Kostenanalyse. 8. Auflage, Stuttgart.

EH/ZIS (2006): Ursachen von Insolvenzen. Gründe für Unternehmensinsolvenzen aus der Sicht von Insolvenzverwaltern. Wirtschaft Konkret Nr. 414 (www.zis.uni-mannheim.de/studien/dokumente/ursache_von_insolvenzen/414_wiko.pdf).

Franz, K.-P./Hieronimus, A. (Hrsg.) (2003): Kostenrechnung im international vernetzten Konzern. Sonderheft 49 der Zeitschrift für betriebswirtschaftliche Forschung, Düsseldorf und Frankfurt.

Friedag, H. R./Schmidt, W. (2006): My Balanced Scorecard. 3. Auflage, Freiburg im Breisgau.

Friedl, G./Hilz, C./Pedell, B. (2012): Controlling mit SAP. 6. Auflage, Wiesbaden.

Friedl, G./Hofmann, C./Pedell, B. (2010): Kostenrechnung. Eine entscheidungsorientierte Einführung. 1. Auflage, München.

Gartner (2012): Market Share Analysis: ERP Software, Worldwide, 2011. www.gartner.com.

Heimrath, H. (2010): Excel-Tools für das Controlling. Microsoft Press, Remscheid.

Hostettler, S./Stern, H. J. (2007): Das Value Cockpit. Sieben Schritte zur wertorientierten Führung für Entscheidungsträger. 2. Auflage, Weinheim.

Hummel, K. (2010): Gestaltungsparameter und Einflussfaktoren von Verrechnungspreissystemen. Baden-Baden.

Hummel, K./Kriegbaum-Kling, C./Schuhmann, S. (2009): Verrechnungspreisgestaltung im internationalen Produktionsverbund. Darstellung am Beispiel der Firma TRUMPF. In: Horváth, P. (Hrsg.): Erfolgreiche Steuerungs- und Reportingsysteme in verbundenen Unternehmen. München.

Hummel, K./Schlick, C. (2013): Zusammenhang zwischen Nachhaltigkeitsperformance und Nachhaltigkeitsberichterstattung – Legitimität oder finanzielle Überlegungen. In: Die Unternehmung, Nr. 1/2013, S. 36–60.

Kaplan, R. S./Norton, D. P. (1996): Balanced Scorecard. Translating Strategy into Action. 1. Auflage, Boston, MA.

Klein, A. (2011): Risikomanagement und Risiko-Controlling. Freiburg im Breisgau.

Koch, R. (1998): Das 80-20-Prinzip. Mehr Erfolg mit weniger Aufwand. Frankfurt am Main/New York.

Leiting, A. (2012): Unternehmensziel ERP-Einführung. IT muss Nutzen stiften. Wiesbaden.

Mattle, H. (2011): Mindestanforderungen des Verwaltungsrats an Rechnungswesen, Rechnungslegung und Controlling. In: Mattle, H./Pfaff, D. (Hrsg.): Rechnungswesen, Rechnungslegung und Controlling in der Schweiz. Zürich, S. 13–44.

OECD (2011): OECD-Verrechnungspreisleitlinien für multinationale Unternehmen und Steuerverwaltungen. Paris.

Peters, G./Pfaff, D. (2011): Controlling: Wichtigste Methoden und Techniken. Zürich.

Pfaff, D. (2003): Methodische Fragen einer internationalen Konzernkostenrechnung. In: Franz, K.-P./Hieronimus, A. (Hrsg.): Kostenrechnung im international vernetzten Konzern. Sonderheft 49 der Zeitschrift für betriebswirtschaftliche Forschung. Düsseldorf und Frankfurt, S. 29–46.

Pfaff, D. (2011): Mindestanforderungen des Managements an das operative Controlling. In: Mattle, H./Pfaff, D. (Hrsg.): Rechnungswesen, Rechnungslegung und Controlling in der Schweiz. Zürich, S. 45–71.

Pfaff, D./Peters, G./Sweys, M. (2008): Über die Börsenfähigkeit staatlicher Eisenbahnen aus Sicht des Controllings: Dargestellt am Beispiel der DB AG. In: Seicht, G. (Hrsg.): Jahrbuch für Controlling und Rechnungswesen. Wien, S. 339–358.

PwC (2010): Investitionscontrolling. Ergebnisse einer Umfrage unter Verantwortlichen kapitalmarktorientierter und mittelständischer Unternehmen in Deutschland. www.pwc.de/de_DE/de/prozessoptimierung/assets/pwc-studie_investitionscontrolling.pdf.

Siebert, G./Kempf, S. (2008): Benchmarking. Leitfaden für die Praxis. 3. Auflage, München.

Stewart, G.B. (1991): The Quest for Value: the EVA Management Guide. New York.

Troßmann, E. (2013): Controlling als Führungsfunktion – Eine Einführung in die Mechanismen betrieblicher Koordination. München.

veb.ch (2011): Schweizer Controlling Standard Nr. 1: Investitionsrechnung. Zürich.

veb.ch (2012): Schweizer Controlling Standard Nr. 2: Budgetierung. Zürich.

veb.ch (2014): Schweizer Controlling Standard Nr. 3: Reporting. Zürich.

Volkart, R./Wagner, A.F. (2014): Corporate Finance. Grundlagen von Finanzierung und Investition. 6. Auflage, Zürich.

Waser, B. (2013): Trendwende bei Offshoring. In: microNews, Nr. 5/2013, S. 8–9.

Weber, J./Schäffer, U. (2014): Einführung in das Controlling. 14. Auflage, Stuttgart.

Weizsäcker, E.U. von/Young, O.R./Finger, M. (2005): Limits to Privatization: how to avoid too much of a good thing. London.

Young, S.D./O'Byrne, S.F. (2001): EVA and Value Based Management: A Practical Guide to Implementation. New York.

Stichwortverzeichnis

ABC-Analyse **62**, 96
Abschreibungen **128**
Advance Pricing Agreements 59
Akquisition 140
Aktionen 66–67, 98
Amortisationszeit 43, **64**, 106
Angebotspreiskalkulation 53
Anlagevermögen 17
Auftragseingang **114, 126**

Balanced Scorecard **66**
Benchmark 46, 98
Benchmarking **68**
Betriebsergebnis 38, 70
betriebsnotwendiges Kapital 37
Break-even 37, 86
 -Analyse 37, 49, **70**
 -Punkt 22
Bruttobetriebsergebnis . . 27, 35, 70, 72
Bruttorendite 26, 77
Budget 10

Capital Employed 25
Cash Pooling 49
Cashflow 17
Controlling-Cockpit 25, 35, **72**

Daten 19, 35, 44, 82, 116
 Plausibilität **100**, 106
 Sensitivität **118**
«dealing at arm's length principle» . 57
Debitorenrisiko 133
Deckungsbeitrag (DB) 29, 35, 45,
 62, 65, 74, 77, 102
 DB-Intensität 27
 DB-Rate 10, 27, 55, 82
Deckungsbeitrags-Fixkosten-
 Diagramm 29
Deckungsbeitragsrechnung 35
Desinvestition 140
Dispositionsentscheide 45
Dispositionsrechnung 45, 63, **74**
Dualität von projekt- und
 produktbezogener Rechnung ... **76**

EBIT 26, 35, 70, 110, 122
Economic Value Added . . **78**, 111, 136
Einmalkosten 35
Einzelkosten 23
Entreprise Resource Planning 116

Entscheidungen 39, 94
 Dispositions- 45
 Investitions- 40–41
 Preis- 52
Ergebnisgrößen 37
Ergebnissteuerung 38
Ethik **80**

fachliche Kompetenz 81
Fairness 81
falsche Daten **82**
Fertigungslizenzen 149
Fertigungstiefe 30
Finanzplan 48
Fixkosten .. 9, 21–22, 27, 29, 35, 42,
 45, 53, 62, 65, 73–74, 76, 82–83,
 98, 102, 152
 -degression 152
 Glättung **84**
 -rate 28
Forderungen **132**
Forderungsumschlagszeit 133
Forecast 49–50, **86**, 126
Fremdkapital 38
Frühwarnsystem 127

Geldflussrechnung 48
Gemeinkosten 23, 104
Gesamtkapitalrendite 26
Geschäftsentwicklung 21
Gewinnschwelle 22, 37
Glättung von Fixkosten **84**

Hockey-Stick-Effekt 45, 100

Informationen 19, 21, 34
Investitionen 64, 108, **128, 130**
 Real- 17
Investitions-
 -entscheidungen 40–41
 -projekte **106**
 -rechnung 17, 41, 76, 88, 94
Jahreshochschätzung . 49–50, **86**, 126

Kalkulationszeitraum 41
Kalkulationszinssatz 88
kalkulatorische Zinsen 78
Kannibalisierungseffekt 143

Kapital 37, 45, 78, 110, 125
   betriebsnotwendiges 37
   -bindung 133
   Fremd- 38
   -kosten 78, 136
   -kostensatz 18, 79, 94, 123
   -rendite 11, 26, 33, 35, 98, 138, 140
   -rendite-Diagramm 32, 73
   -umschlag 11, 27, 31–33, 37,
     122, 138
   -wert 64, 79, 88, 109
   -wertmethode 42, **88**
Kennzahlen .. 46, 48, 66–67, 98, 110
Kennziffern 82
Komplexität 10, 32, 62
konsolidierte Daten **90**
Kontrolle 46, 76, 113
Kosten 68
   Einmal- 35
   Einzel- 23
   Fix- 9, 21–22, 27–29, 35, 42,
     45, 53, 62, 65, 73–74, 76,
     82–83, 98, 102, 152
     Glättung **84**
   Gemein- 23, 104
   laufende 35
   Opportunitäts- ... 19, **94**, 103, 154
   Overhead- 24, 38, 73
   Stück- 27, 83
   variable 10, 21–22, 29, 35, 83,
     102, 152
   variable Stück- 53, 98
   versunkene **94**
Kosten-
   -arten 35
   -artenrechnung 117
   -aufschlagsmethode .. 57–58, 147
   -management 120
   -rechnung 23–24
   -reduktion 121
   -remanenz 22
   -stellenrechnung 117
   -träger 23
   -trägerrechnung 117
   -treiber 105
Krisen 47, 49

Lagerumschlag 132
laufende Kosten 35
Lieferservicegrad 132
Liquiditätssicherung 48

Marginalprinzip 43, 76
Mehrwert 17
Mindestverkaufspreis 141
Mittelflussrechnung 48

Nachhaltigkeit 92
Nachhaltigkeitsberichterstattung .. **92**
Net Present Value **88**, 109

Objektivität 80
Opportunitätskosten . 19, **94**, 103, 154
Overheadkosten 24, 38, 73

Pareto-Prinzip 9, 20, **96**
Pay-back-Dauer 77
Performancegröße 67
Plan-Do-Check-Act-Regelkreis ... 10
Planergebnisrechnung 46, **98**
Plan-Rendite 44, 106
Planung 46, 99, 116, 118
Plausibilität von Daten **100**, 106
Preis-
   -entscheidungen 52
   -kalkulation 52–53
   -untergrenze 52, **102**
   -vergleichsmethode 57
Privatisierung 136
produktbezogene Rechnung ... 43, **76**
Profit-Center ... 27, 34, 56, 70, 72, 96,
   98, 128
Profit-Split-Methode 59
projektbezogene Rechnung 43, **76**
Prozesse 32, 68, 104, 112, 116
Prozesskostenrechnung 24, **104**

quantitative Risikobetrachtung ... 106
Quartalsberichte **114**

Reale Zinsfußmethode ... 42, 65, **108**
Realinvestition 17
Rechtschaffenheit 80
Regelkreis aus Planung und
   Kontrolle 46
Relevanzprinzip 94
Rendite 17, 19, 76, 106, 110
   Brutto- 26, 77
   Gesamtkapital- 26
   Kapital- 11, 26, 33, 35, 73, 98,
     138, 140
   -steigerung 32, 82
   Umsatz- ... 11, 27, 29, 32–33, **122**
   -verbesserung 38, 124
   Ziel- 18, 25, 53, 88, 102

Rentabilität 19, 74, 76, 108, 118
Reparaturen **130**
Reparaturfaktor 130
Return on Capital Employed
  (ROCE) 19, 26, **110**, 122
Return on Investment 19
Risiko 44, 46, 112, 119
  -controlling 18, **112**
  -management 131
ROCE **110**
rollierende Daten 21, 51, **114**, 127
Rückflüsse 17

Sanierung 140
Sanktionen 81
SAP ERP **116**
Schwachstellen-Bewertung 37
Sensitivität von Daten **118**
Shareholder Value 79
Simulation 38
Sortimentsanalyse 62
Spill-over-Effekte 102
statische Rechnung 42
Steuerung 34–35, 40, 76, 84, 90,
  106, 110, 126, 130, 145
Steuerungsgrößen . 25, 27, 38, 44, 118
Steuerungsparameter 9
Strategie 66, 82, 128, 140
strategische Nutzungsdauer 41
strategische Ziele 67
Strukturgrößen 11
Stückkosten 27, 83

Target Costing **120**
transaktionsbezogene
  Nettomargenmethode 58
Transaktionsfreiheit 149
Transparenz 9, 19, 35, 39, 46, 104
Trend 126

Übergewinn 17–18
Umlaufvermögen 17
Umsatz **114, 126**
  -rendite 11, 27, 29, 32–33, **122**
Unternehmenswert 41, 79

variable Kosten ... 10, 21–22, 29, 35,
  83, 102, 152
variable Stückkosten 53, 98
Vermögen
  Anlage- 17
  Umlauf- 17
Vermögensrechnung 17

Verrechnungspreis 23, 56, 91
  -gestaltung 145
  -richtlinie 149
versunkene Kosten **94**
Vertraulichkeit 81
Vorräte **132**

Weighted Average Cost of Capital . 79
Wertbeitrag 18
Wertepaar Umsatzrendite und
  Kapitalumschlag **122**
Whistleblowing 81
wichtige Kenngrößen 127
Wiederverkaufspreismethode . 57, 148
Wirtschaftlichkeit 40, 77
Wirtschaftlichkeitsrechnung 88
Working Capital Management 32, **124**

Zahlungsunfähigkeit 48
ZAK-Konzept 67
Ziel-
  -feld 32
  -größen 16, 37, 67, 124
  -Rendite 18, 25, 53, 88, 102
  -Umsatzrendite 27
  -vorgaben 25, 44
Ziele 66, 94, 98
Zwillinge Auftragseingang und
  Umsatz 114, **126**
Zwillinge Investitionen und
  Abschreibungen **128**
Zwillinge Investitionen und
  Reparaturen **130**
Zwillinge Vorräte und
  Forderungen **132**

Die Autoren

Prof. Dr. Dieter Pfaff, seit 1994 Ordinarius für Betriebswirtschaftslehre und von 2011 bis 2014 Direktor des Instituts für Betriebswirtschaftslehre.
Studium, Promotion und Habilitation an der Johann Wolfgang Goethe-Universität Frankfurt am Main. Von 1993 bis 1999 Gastprofessor an der Wissenschaftlichen Hochschule für Unternehmensführung (Otto-Beisheim-Hochschule, Vallendar), von Januar bis Februar 2001 Visiting Professor an der Haas School of Business der University of California, Berkeley. Im Jahre 1990 ausgezeichnet mit dem Egon-Zehnder-Preis für die Dissertation. Langjährige Erfahrung in der Durchführung von Weiterbildungsseminaren sowie Kaderschulungen. Vizepräsident von veb.ch, des größten Schweizer Verbands für Rechnungslegung und Controlling.

Autor und Mitherausgeber mehrerer Fachbücher sowie Verfasser zahlreicher Beiträge in nationalen und internationalen Fachzeitschriften und Sammelbänden zu den Themen Controlling, Rechnungslegung und Finanzwirtschaft.

Dr. Gerd Peters, Ingenieurstudium (Bergbau) und Promotion (Betriebswirtschaft) an der Technischen Universität Clausthal.
Fast 30 Jahre in leitenden Funktionen der BASF-Gruppe. 1971 Eintritt in die BASF L+F (Ressort Pigmente) in Stuttgart, ab 1975 Geschäftsführer (Marketing/Vertrieb) der L+F-Tochtergesellschaft Couleurs Paris S.A. Ab 1980 Abteilungsdirektor Logistik/Controlling der L+F in Stuttgart. 1987 bis 1999 Prokurist der BASF AG in Ludwigshafen, verantwortlich für das Controlling des Unternehmensbereichs Farben.

Seit 2000 in der Beratung tätig; ab 2001 Lehrbeauftragter an der Universität Zürich sowie Dozent im Executive-MBA-Programm.

Veröffentlichungen zu Investitionsrechnung und Controlling; insbesondere: Peters, G./Pfaff, D.: Controlling: Wichtigste Methoden und Techniken. Zürich (2005/2011).

Dr. Katrin Hummel, Oberassistentin und Habilitandin am Institut für Betriebswirtschaftslehre der Universität Zürich, Lehrstuhl für Accounting, insbesondere Unternehmensrechnung und Controlling. Zuvor Controllerin bei einem Konzern im Anlagenbau und für das Controlling von internationalen Großprojekten verantwortlich.  Veröffentlichungen u. a. zu den Themen Controlling, Verrechnungspreise, Nachhaltigkeitsberichterstattung und Responsible Management Education.

Bibliografische Information der Deutschen Nationalbibliothek

Die Deutsche Nationalbibliothek verzeichnet diese Publikation in der Deutschen Nationalbibliografie; detaillierte bibliografische Daten sind im Internet über http://dnb.dnb.de abrufbar.

Das Werk einschließlich aller seiner Teile ist urheberrechtlich geschützt. Jede Verwertung ist ohne Zustimmung des Verlags unzulässig. Dies gilt insbesondere für Vervielfältigungen, Übersetzungen, Mikroverfilmungen und die Einspeicherung und Verarbeitung in elektronischen Systemen.

© 2015
Versus Verlag AG, Zürich www.versus.ch
Nomos Verlagsgesellschaft, Baden-Baden www.nomos.de

Umschlagbild und Illustrationen: Thomas Woodtli · Witterswil
Satz und Herstellung: Versus Verlag · Zürich
Druck: Comuncazione · Bra
Printed in Italy

ISBN 978-3-03909-217-8: Versus Verlag
ISBN 978-3-8487-1747-7: Nomos Verlag

Weitere Bücher der Reihe VERSUS kompakt

Peter A. Abplanalp
Roman Lombriser
Strategien verstehen
Begriffe, Konzepte und Instrumente des Strategischen Managements

ISBN 978-3-03909-209-3 · 151 S. · 2013

Ulrich Fischer · Holger Regber
Produktionsprozesse optimieren: mit System!
Wichtigste Methoden · Beispiele · Praxistipps

ISBN 978-3-03909-220-8 · 199 S. · 2013

Fritz Forrer · Marcel Schöni
Projektmanagement
Mit knappen Ressourcen Projekte sicher steuern

ISBN 978-3-03909-206-2 · 136 S. · 2011

Dominik Godat
Lösungen auf der Spur
Wirkungsvoll führen dank Lösungsfokus

ISBN 978-3-03909-218-5 · 187 S. · 2014

Weitere Bücher der Reihe VERSUS kompakt

Julia Hintermann

Ich kommuniziere – also bin ich!
Kommunikationsmodelle · Fallbeispiele · Praxistipps

ISBN 978-3-03909-202-4 · 144 S. · 2010

Jacqueline Holzer · Jean-Paul Thommen
Patricia Wolf

Wie Wissen entsteht
Ein Einführung in die Welt der Wissenschaft

ISBN 978-3-03909-211-6 · 167 S. · 2012

Friedjung Jüttner

Nimm dein Schicksal in die eigene Hand!
Kleine Psychologie für ein besseres (Selbst-)Management

ISBN 978-3-03909-210-9 · 144 S. · 2012

Andreas Knecht · Carola Negura

Qualitätsmanagement
Wichtigste Methoden · Beispiele · Praxistipps

ISBN 978-3-03909-205-5 · 192 S. · 2013

www.versus-kompakt.ch

Weitere Bücher der Reihe VERSUS kompakt

Andreas Knecht · Markus Bertschi

Six Sigma

Tools · Beispiele · Praxistipps

ISBN 978-3-03909-201-7 · 198 S. · 2013

Frank Menzel

Einfach besser arbeiten

KVP und Kaizen – Kontinuierliche Verbesserungsprozesse erfolgreich gestalten

ISBN 978-3-03909-203-1 · 160 S. · 2010

Bruno Röösli · Markus Speck
Andreas Wolfisberg

Controlling für Manager und Unternehmer

Controlling als Steuerungs- und Führungsinstrument – einfach und verständlich

ISBN 978-3-03909-207-9 · 202 S. · 2012

Claude Rosselet

Andersherum zur Lösung

Die Organisationsaufstellung als Verfahren der intuitiven Entscheidungsfindung

ISBN 978-3-03909-212-3 · 115 S. · 2013

Weitere Bücher der Reihe VERSUS kompakt

Marco Rüstmann

Risikomanagement in der Finanzbranche

Vom Umgang der Banken, Versicherungen, Pensionskassen und Vermögensverwalter mit Risiken

ISBN 978-3-03909-208-6 · 204 S. · 2013

Yvonne Salazar · Klaus Zimmermann · Holger Regber

Bereit für das Unerwartete

Unternehmen in turbulenten Zeiten führen

ISBN 978-3-03909-204-8 · 172 S. · 2014

Patrik Scherler · Antonio Teta
Claudia Frei · Flavio Di Giusto

Irrtum Zeitmanagement?

Vom Versuch, in einem stark fremdbestimmten Umfeld nachhaltig mit der Ressource Zeit umzugehen

ISBN 978-3-03909-215-4 · 141 S. · 2014

Christa Uehlinger

Miteinander verschieden sein

Interkulturelle Kompetenz als Schlüssel zur global vernetzten Welt

ISBN 978-3-03909-213-0 · 176 S. · 2013

Controlling in der sozialwirtschaftlichen Praxis

Controlling in der Sozialwirtschaft
Handbuch
Von Prof. Dr. Bernd Halfar,
Prof. Dr. Gabriele Moos und
Prof. Dr. Klaus Schellberg
2014, 289 S., brosch., 44,–
ISBN 978-3-8329-6327-9
www.nomos-shop.de/13315

Das Handbuch setzt an den Besonderheiten sozialer Dienstleistungsunternehmen an und entwickelt Vorschläge für ein praxistaugliches Controlling, das über das übliche Finanzcontrolling hinausreicht.

Der Leser findet thematisch geordnete Kennzahlenlisten und Anregungen, wie das Controlling die Produktivität sozialwirtschaftlicher Unternehmen analysieren kann.

»fundiertes Handbuch zum Controlling in der Sozialwirtschaft.«
Prof. Dr. Harald Christa, socialnet.de Mai 2014

»eine für Praktiker in der Sozialwirtschaft hilfreiche Ergänzung zur allgemeinen Controlling-Literatur.« RA Dr. Christoph Mecking, Stiftung & Sponsoring 3/14

Portofreie Buch-Bestellungen unter
www.nomos-shop.de
Alle Preise inkl. Mehrwertsteuer

Ausgeschieden
StadtBibliothek Köln